国家级职业教育规划教材

全国中等职业学校商务文秘专业教材

文书与档案管理基础知识（第三版）

主编　邹绮

中国劳动社会保障出版社

简介

本书主要内容包括文书基础、文书工作、档案与档案工作、档案收集、档案整理、档案鉴定、档案保管与保护、档案检索、档案利用、档案编研、档案登记与统计以及专门档案管理等，适用于中等职业学校商务文秘专业。

本书在编写过程中，以实用为原则，内容的讲解和文书与档案管理工作实际紧密结合，力求全面、准确地阐述文书与档案管理的基本方法，并着重体现文书与档案管理工作实践技能。

本书由邹绮主编，钟仕森、邹成冈、刘云亮、姜红、王志伟、计莉玲参与编写。

图书在版编目(CIP)数据

文书与档案管理基础知识 / 邹绮主编. -- 3 版. -- 北京：中国劳动社会保障出版社，2020

全国中等职业学校商务文秘专业教材

ISBN 978-7-5167-4349-2

Ⅰ. ①文… Ⅱ. ①邹… Ⅲ. ①文书工作 - 中等专业学校 - 教材②档案管理 - 中等专业学校 - 教材 Ⅳ. ①C931.46②G271

中国版本图书馆 CIP 数据核字（2020）第 029276 号

中国劳动社会保障出版社出版发行

（北京市惠新东街 1 号 邮政编码：100029）

*

北京市艺辉印刷有限公司印刷装订 新华书店经销

787 毫米 ×1092 毫米 16 开本 12 印张 200 千字

2020 年 4 月第 3 版 2022 年12月第 4 次印刷

定价：24.00 元

营销中心电话：400-606-6496

出版社网址：http://www.class.com.cn

http://jg.class.com.cn

前言
PREFACE

全国中等职业学校商务文秘专业教材自出版以来，在学校教学中发挥了重要作用。近年来，随着秘书行业的发展变化，企业对从业人员的知识水平和职业能力提出了更高的要求。为适应这一变化，满足学校培养人才的需求，我们组织一批教学经验丰富、实践能力强的教师与行业、企业专家，在充分调研的基础上，对现有教材进行了修订。

本次教材修订工作的重点主要体现在以下几个方面：

◆更新教材内容。根据近年来秘书工作领域的变化，在相关教材中，调整、更新了关于档案管理、办公设备使用、会计统计应用等内容；补充了与时代发展紧密相关的秘书工作案例；完善了秘书应用写作、口语交际训练等工作流程，使得教材内容更加具有前瞻性，符合时代发展特点。

◆强化职业技能和职业素质培养。教材进一步加大技能训练的比重，在涉及到文书管理、档案管理、实务管理等主要秘书工作技能的教材中，更多地加入实践题例和操作指导，方便教师开展一体化教学。同时，将与秘书行业相关的职业道德、职业操守等内容融入到教学知识、课堂问答、课后训练等环节，以加强对学生职业素质的培养。

◆提升教材表现力。通过设置案例分析、知识链接、能力提示等不同栏目，增加教材的亲和力，激发学生的学习兴趣。同时，尽可能多地以图表代替冗长的文字叙述，使教材更加生动，易于学习。

◆加强立体化资源建设。习题册修订和教材修订同步进行，同时补充开发配套的电子课件。习题册答案及电子课件可登录技工教育网（jg.class.com.cn），搜索相应的书目，在相关资源中下载。

本套教材的编写得到了有关学校的大力支持，教材的编审人员做了大量的工作，在此，我们表示衷心的感谢！同时，恳切希望广大读者对教材提出宝贵的意见和建议。

人力资源社会保障部教材办公室

目 录
CONTENTS

第一章 文书基础

学习目标

- 掌握文书的类型、作用
- 掌握公文的定义、特点及类型
- 了解公文的稿本及基本格式

随着社会的进步和经济的发展，文书在各种事务处理中扮演着越来越重要的角色，发挥着越来越重要的作用。掌握文书的类型、作用等文书基础知识，对于理解文书的内涵、有效开展文书工作具有积极的意义。

第一节 文书概述

一、文书的定义

文书是指人们在社会实践活动中为了传递、记载和存储信息而形成、使用的具有应用性和特定格式的文字材料，是以文字形式处理各种事务的凭证性工具。

文书的定义包含以下几层含义。

第一，文书是一种文字材料，即书面材料。

第二，文书具有特定的格式。

第三，文书具有应用性。

第四，文书具有很强的目的性和针对性。

第五，形成和使用文书的主体是党政机关、社会团体、企业、事业单位和其他社会组织以及个人和家庭。

资料窗

文书的起源

文书作为信息材料，以物的形态出现，它伴随着文字的产生而产生。例如，商朝和周朝的甲骨文、金文，汉朝的制、诏、刺、策、章、奏、表、议等，都可以视为文书。

但文书的称谓随着历史的发展有所变化，商朝时称“书契”，周朝时称“官署文书”“官书”“官文”“书”，至汉朝时则称“文书”。这意味着作为概念性的名词，“文书”一词在两汉时期才被广泛使用，如西汉贾谊的《过秦论》中就有“禁文书而酷刑法”的说法。

二、文书的类型

文书的应用领域和范围广泛，所针对的事务千差万别，使用的主体也各有不同，这些因素导致文书的种类非常庞杂。因此，可以按照不同的分类标准将文书划分为不同的类型。

1. 按照载体分类

纸张在相当长的时间内一直是文书的主要载体，但随着科技的发展，电子形式的载体得到广泛应用，这使文书的载体形态发生了革命性变化。因此，按照文书载体的不同，现代文书主要分为纸质文书和电子文书。

资料窗

史书记载商朝的文书除了甲骨文、金文，还有册和典。册和典是简的集合体。简以狭长的竹片或木片作为载体，把长短相同的简用皮条或丝绳上下两道编连起来就成为册，把册保存起来就成为典。册和典所载内容主要是当时史官所做的记录。

东晋后期，纸张首先被用作官府往来文书的载体，而诏令文书和重要奏疏的载体仍用竹简、木简，直到隋朝才废弃不用。在一些朝代，文书的载体还曾使用玉、铜、铁、石和缣帛等物，主要是在特殊情况下使用或为了长期保存文书。

2. 按照使用主体分类

按照文书使用主体的不同，文书主要分为私人文书和公务文书。

（1）私人文书

私人文书的使用主体为社会成员个人，主要是指为了处理私人事务而使用的文书，如亲朋好友之间来往的书信、个人或家庭关于财产方面的契约、自传和家谱等。

（2）公务文书

公务文书又称公务文件，其使用主体为各种社会组织，如党政机关、企业、事业单位以及取得法律地位的社会团体等社会组织，如法定公文、通用公文和专业公文等。公务文书是为了满足特定的公务需求而产生的，其发文主体、收文主体、格式形式和法律效力等均有别于私人文书。

1）法定公文。法定公文是指根据《党政机关公文处理工作条例》（中办发〔2012〕14 号）的规定，将决议、决定、命令（令）、公报、公告、通告、意见、通知、通报、报告、请示、批复、议案、函、纪要等十五种文体作为党政机关统一使用的公文种类，具有规范的格式和法定效力。

2）通用公文。通用公文是指在各类社会组织中所使用的处理日常事务的多种文体，如计划、总结、调查报告、规章制度等。这些文体不在法定公文之列，不能采用法定公文的格式行文，可以作为法定公文的附件印发。

3）专业公文。专业公文是指在特定的专业领域和专业工作中所使用的特殊公文，如科研工作中的立项申请书、财会工作中的财务报告以及各类报表等。专业公文具有特定的格式规范，正文中包含大量的专业术语。

本书所讲的“文书”主要侧重于公务文书，针对公务文书来介绍文书工作的知识以及传授基本技能。

三、文书的作用

文书在社会生活中，尤其是在社会机构与各级各类组织履行职责，完成任务、目标的工作中，发挥着极其重要的作用，其作用主要包括两个方面。

一是传递信息。这是文书的首要作用。人们制作文书的目的就是要把一定的信息传递给接收者。文书是交流信息和思想的重要手段，它所提供的信息全面、确定和深入，是人们之间相互学习、借鉴经验的重要途径。

二是凭证依据。文书真实地记录了社会实践活动，是人们追溯历史的凭证。文书是社会组织发挥职能、完成工作过程中产生的记录，真实反映了工作开展的情况，是工作状态的文字化和书面化，能够发挥凭据和证实的作用。例如，工作总结是对所完成工作的系统回顾，纪要是对会议情况和议定事项的真实反映。

资料窗

文书、公文、文件的联系与区别

一般情况下，文书、公文、文件三者的基本含义是一致的，可以通用。但严格来讲，三者之间既有外延大小之差，也有习惯称呼之别。从含义宽窄来看，文书主要是指广义的文书，即一切的书面材料都可以称为文书；公文主要是指狭义的文书，即在公务活动中使用的公务文书；文件则是指具有法定的统一格式和行文关系的公文。从习惯称呼来看，我们习惯说“文书工作”，而不说“公文工作”或“文件工作”；习惯说“文书处理程序”，而不说“文件处理程序”；习惯说“中央文件”，而不说“中央文书”“中央公文”。基于以上两点，本书会视情境分别使用“公文”“文书”“文件”这三个词。

第二节　公务文书

一、公文的定义

公务文书简称“公文”，是指法定机关或组织在公务活动中，按照特定的格式、经过一定的处理程序形成和使用的书面材料。例如，法令、决议、指示、通知、报告、计划、规章、合同、契约、公务函电等，都属于公文。它是国家政务的一种重要手段，是党政机关、企业、事业单位和社会团体开展工作的依据。

资料窗

我国最早的公文汇编

《尚书》是我国最早的公文汇编，收录的是“上古帝王之书”。自汉代以来，《尚书》一直被视为中国古代的政治哲学经典，是帝王、贵族子弟及士大夫必修的一门功课，对我国封建时期的公文写作有较大的影响。

二、公文的特点

党政机关、企业、事业单位和社会团体在行使管理职权、处理日常工作时均以公文为基本工具。因此，公文和其他实用文体比较具有以下四个明显的特点。

1. 公文具有法定作者

公文的法定作者是指依法成立并能以自己的名义行使职权、承担义务的机关与组织。撰写公文是党政机关等组织的行为，它的内容受法律法规、行政授权、工作需要以及领导指示的制约，其法定作者制发公文的权力和名义受法律的保护。

2. 公文具有法定权威

公文的法定权威是指公文具有权威性和约束性。它代表制发机关颁发的法律、命令等，传达了制发机关的决策和意图，对受文者的行为产生强制性作用。

3. 公文具有规范格式

公文的规范格式主要是指采用的语体和文体的格式两个方面。拟制公文时不得随心所欲、别出心裁。

4. 公文具有特定的处理程序

公文由法定作者制定，在撰写的过程中，它要受到公文处理程序的严格制约。例如，公文的拟制阶段必须经过起草、审核和签发等程序。

三、公文的类型

按照不同的分类标准，公文可以分为不同的类型，具体见表 1–1。

表 1–1 公文分类标准及类型

分类标准	类型	定义
使用范围是否通用	通用公文	用于各级各类社会组织的公文
	专业公文	专门用于某一社会组织系统或专业领域的公文

续表

分类标准	类型	定义
名称是否法定	法定公文	党政机关各自的关于公文处理等法规性文件规定的公文
	事务公文	除法定公文之外的日常处理公共事务的一般性公文
来源与去向	发文	由本机关制发的公文称为发文，按照去向又可分为外部发文和内部发文
	收文	本机关收到的外机关发送的公文称为收文，按照来源又分为上级机关来文、下级机关来文、同级机关来文和非隶属机关来文
行文方向	上行文	本机关向上级机关发送的公文，常用的文体有请示和报告等
	下行文	本机关向下级机关发送的公文，常用的文体有命令、决议、决定、通告等
	平行文	同级机关和不相隶属机关之间往来的公文，最常用的文体是函
阅读范围和机密程度	公布公文	向国内外公开发布的公文，可利用网络、电视、广播、报刊传达、发表或在公告栏张贴公之于众，如领导讲话、公告、通告等
	内部公文	在机关或社会组织系统内部使用的公文。内部公文包括普通公文（内容不涉及党和国家机密的公文）、保密公文（内容涉及党和国家机密的公文）
处理要求	参阅件	不需要办理，只用于沟通情况、工作参考的公文，如抄送件
	承办件	需要机关或部门具体办理的公文
送达与办理时限	常规公文	没有特定的送达和办理时间要求的公文
	紧急公文	有特定的送达和办理时间要求的公文

四、公文的作用

公文的基本功能是通过具体的文种在特定公务活动中发挥各自的作用来实现的。公文的内容和行文方向不同、作用的领域和形式不同，产生的效果也不同。公文的作用主要体现在以下五个方面。

1. 领导和指导作用

公文的内容能够反映机关和组织的意图，通过公文传达党和国家的方针政策，发布行政法规和规章，各级机关和组织可以领会上级机关的精神，按照文件要求开展工作。

2. 依据和凭证作用

公文具有法定效力，是各级机关和组织开展工作、解决问题的依据和凭证。例如，下行文是下级机关的工作依据；上行文既是上级机关了解下情、制定正确决策的参考依据，也是针对性答复问题、指导具体工作的依据和凭证。

3. 联系和知照作用

各级党政机关是国家机器的主要组成部分，有各自的隶属关系和不同的工作权限，要使国家机器正常运转，需要通过公文进行联系和协调，同时将有关情况知照对方，获得并互通相关信息，在实际工作中互相配合、互相促进，及时处理问题，使机关工作正常有序地进行。

4. 宣传和教育作用

为了保证党和国家的方针政策、法律法规的贯彻实施，各级党政机关经常制发一些旨在对干部、职工和广大群众进行思想教育的公文，说明某种做法的缘由和理由，用于统一思想、提高认识。特别是纲领性文件，重大政策文件和党政领导人的批示、指示，其宣传教育的作用更加明显。

5. 规范和制约作用

国家的法律法规都是以公文的形式制定和发布的，公文是各种法律法规赖以存在的物质形式。我国的法律法规性公文一般包括国家法律、行政法规和地方性法规三个部分，它们具有法律依据作用和法规约束作用。例如，有关个人在公共场所行为举止的公告和规定等，它们既具有制约人们某一方面活动的作用，同时也是保证社会秩序的重要手段之一。

五、公文的稿本

公文的稿本是指一篇公文在撰写、审核、签发、制作和使用过程中形成的具有不同功用特点的文稿与文本的统称。依据公文形成阶段及其具体用途可分为草稿、定稿、校对稿、正式文本和复制本。

1. 草稿

草稿是指签发或会议通过之前的文稿。草稿不具有法定效力，包括初稿、讨论稿、征求意见稿、送审稿、修改稿、草案和修正草案。

2. 定稿

定稿是指经过机关领导签发或法定会议通过、批准的草稿。定稿具有法定效力，是用于制作正式文件的标准文稿，但尚不具有行政效力。

3. 校对稿

校对稿是指依据定稿打字排版过程中形成的文稿。校对稿不具有法定效力，包括校样和终校稿。

4. 正式文本

正式文本是指印刷出来的文件加盖机关印章或经领导签署后，供正式使用的文本。正式文本具有法定效力，包括正本、副本和存本。

5. 复制本

复制本是指依据正式文本复印、翻印或缩微等复制出来的文本。

六、公文的格式

公文的格式是指公文的文本项目在公文的文面上所处的位置和书写的形式。本书以法定公文格式为例进行讲解。

公文一般由版头、主体、版记三个部分组成，主要包括份号、密级和保密期限、紧急程度、发文机关标识、发文字号、签发人、标题、主送机关、正文、附件说明、发文机关署名、成文日期、印章、附注、附件、抄送机关、印发机关和印发日期、页码等十八项要素。

1. 版头

置于公文首页红色分隔线以上的各要素统称为版头。版头包括份号、密级和保密期限、紧急程度、发文机关标识、发文字号、签发人。

（1）份号

份号是指将同一文稿印制若干份时每份的顺序编号。凡是具有保密性的公文都必须编制公文份号。份号用六位阿拉伯数字顶格标识在版心左上角第一行，如“000123”。

（2）密级和保密期限

涉及国家秘密的公文应标明密级（秘密等级）和保密期限。密级分绝密、机密、秘密三种，要顶格标识在版心左上角第二行；如需同时标识保密期限，密级和保密期限之间用“★”隔开，保密期限中的数字用阿拉伯数字标注，如“机密★ 1 年”。

（3）紧急程度

紧急程度表示的是对公文送达和办理的时间要求。紧急程度要顶格标识在版心左上角第三行。

（4）发文机关标识

发文机关标识由发文机关全称或规范化简称加“文件”二字组成，如“国务院文件”。发文机关标识上边缘至版心上边缘的距离一般为 35 mm（也可以大于 35 mm，预留批阅空间）。发文机关一般采用小标宋体字，字号以醒目、美观、庄重为原则，颜色为红色。

联合发文时，联署发文机关应上下平行排列，主办机关名称在前，“文件”二字置于联署发文机关名称右侧，上下居中排布。

（5）发文字号

发文字号由机关代字、年份和发文顺序号组成。机关代字是指用 1～3 个汉字表示发文机关，如“国办发”表示国务院办公厅制发；年份表示制发文件年份，用阿拉伯数字将全称标识在六角括号“〔 〕”内；发文顺序号表示依次制发文件的号码。发文顺序号的编写不能编虚位（即 1 不编为 001），不加“第”字，如“国办发〔2018〕2 号”。

（6）签发人

签发人是指代表机关最后审核并批准公文生效的机关领导。在通常情况下，重要文件由机关主要领导签发，一般文件由分管该项工作的领导签发。上行文应标注签发人姓名，签发人姓名与发文字号平行排布。上行文的发文字号居左，空一字编排；签发人姓名居右，空一字编排。“签发人”三个字用三号仿宋体字标识，后标全角冒号，冒号后用三号楷体字标识签发人姓名。

2. 主体

置于红色分隔线以下、公文末页首条分隔线以上的各要素被称为主体。主体主要包括标题、主送机关、正文、附件说明、发文机关署名、成文日期、印章、附注、附件。

（1）标题

完整的标题由三个要素组成，即制发机关名称、事由（公文的主要内容）和文种。标题的位置在红色分隔线下空两行，居中排布；回行时，要做到词意完整、排列对称、长短适宜、间距恰当；标题排列应使用梯形或菱形结构。

（2）主送机关

公文的主送机关是指负责办理和签复公文的受文机关。主送机关在标题下第二行，用三号仿宋体字左侧顶格标识，回行时仍顶格，最后一个主送机关名称后标全角冒号，如“各省、自治区、直辖市人民政府，国务院各部委、各直属机构：”。

（3）正文

正文是指公文的具体内容部分。正文在主送机关下一行，每自然段空两格写起。

正文中的数字、年份不能回行，文中结构层次序数依次可以用“一”“(一)”“1.”“(1)”标注。

（4）附件说明

附件说明是指与公文内容有关的、随文发送的文件和材料等。如有附件，在正文下空一行、左空两格标识“附件”字样，说明附件材料名称及份数。附件序号用阿拉伯数字标识，附件名称后不加标点符号，如“附件：1.××××××”。附件名称较长需要回行时，应当与上一行附件名称的首字对齐。

（5）发文机关署名

发文机关署名又称落款，用于表明公文的法定作者。发文机关署名标识在正文下方右侧位置，一般在成文日期之上、以成文日期为准居中。

发文机关署名要写机关的全称或规范化简称，以保证其严肃性。联合发文机关的署名，应将主办机关的名称排列在前，然后依次排列其他机关的名称。以领导名义制发的公文，必须标明其职务。不标明发文机关名称时，应以印章上的机关名称替代。

（6）成文日期、印章

1）成文日期。成文日期一般右空四字，使用阿拉伯数字将年、月、日标识完整，年份应标全称，月、日不标虚位（即1月不编为01月），如“2019年11月8日”。

2）印章。单一机关行文时，印章端正居中下压发文机关署名和成文日期，印章顶端距正文或附件说明一行之内。联合机关行文时，将印章与按顺序整齐排列的发文机关一一对应，端正居中下压发文机关署名；每排最多三个印章，印章之间排列整齐、互不相交或相切，两端不得超过版心；最后一个印章端正居中下压发文机关署名和成文日期（见图1-1）。印章颜色为红色。

图1-1　联合机关行文印章样式

当公文排版后所余空间不能容下印章位置时，应采取调整行距、字距等方法加以解决，务必使印章与正文同处一页，不得采取标识“此页无正文”的方法解决。

（7）附注

附注一般是对公文的发放范围、使用时需注意的事项加以说明，而不是对公文内容做出解释或注释。附注用三号仿宋体字居左空两字加圆括号，标识在成文日期下一行，如“（附注：此件发至县团级）”。

（8）附件

附件应另面编排在版记之前，与正文装订在一起。“附件”二字及附件顺序号编排在版心左上角第一行，附件标题居中编排在版心第三行。附件顺序号和附件标题应当与附件说明的表述一致。附件格式要求同正文。

3. 版记

公文末页首条分隔线以下、末条分隔线以上的各要素统称为版记。版记主要包括抄送机关、印发机关和印发日期、页码三个要素，各要素之间均使用分隔线分隔。首条和末条分隔线用粗线，其他分隔线用细线，宽度同版心。版记位置在公文最后一页。

（1）抄送机关

抄送机关是指除主送机关外需要协办或知晓公文的其他机关。抄送机关应使用全称、规范化简称或同类型机关统称，在印发机关和印发日期的上一行、左右各空一字编排。“抄送”二字后标全角冒号和抄送机关名称，回行时与冒号后的首字对齐，最后一个抄送机关后标句号。

（2）印发机关和印发日期

印发机关和印发日期编排在末条分隔线以上，印发机关左空一字、印发日期右空一字，用阿拉伯数字将年、月、日标全，年份应标全称，月、日不编虚位。

（3）页码

一般用四号半角宋体阿拉伯数字标识，数字左右各放一条一字线。单页码居右，空一字；双页码居左，空一字。公文的版记页前有空白页的，空白页和版记页均不编排页码。公文的附件与正文一起装订时，页码应当连续编排。

具体版式设置可以参见图 1-2 ~ 图 1-5。

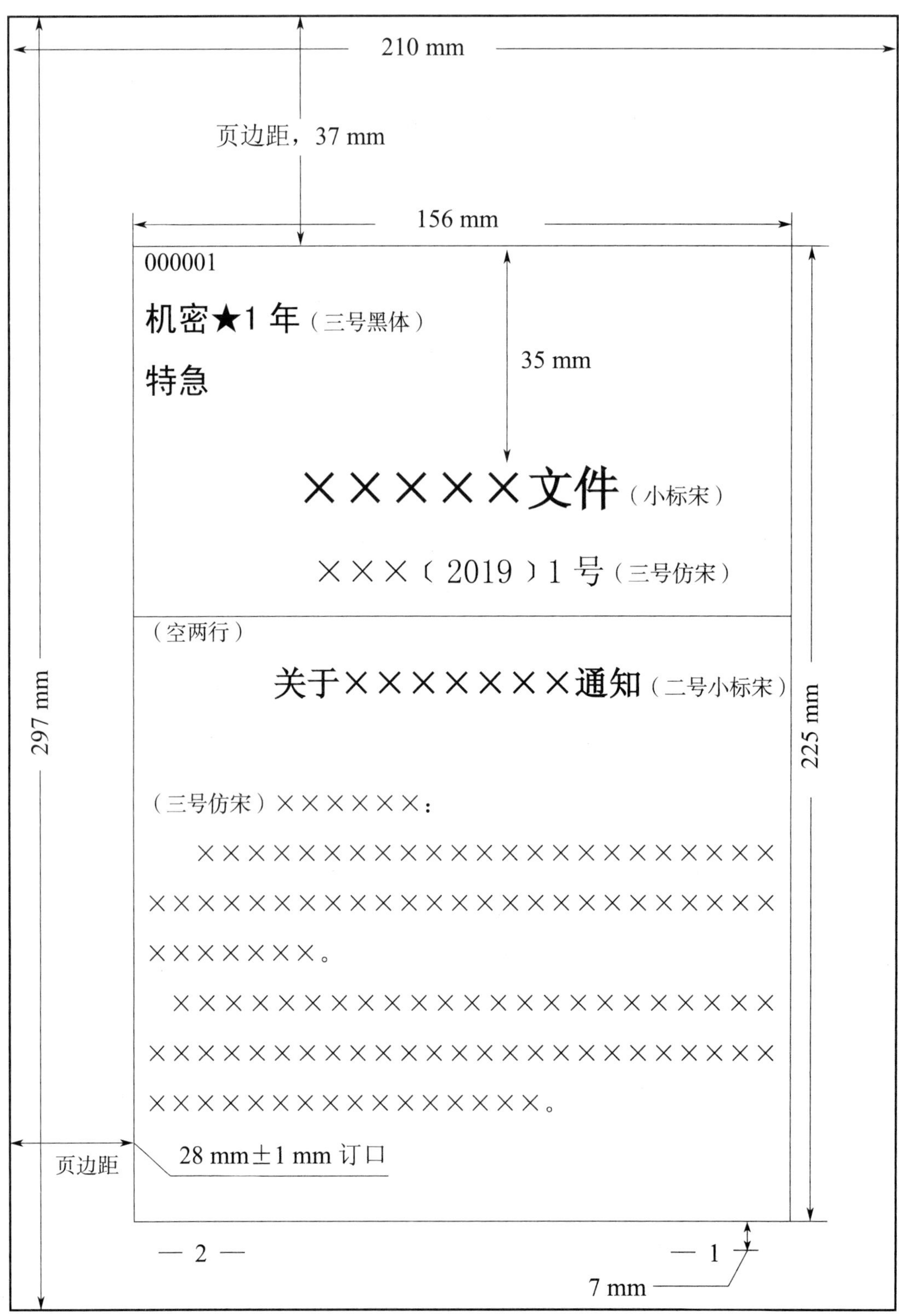

公文首页版式

注：A4 型公文用纸页边、版心尺寸及版心实线框仅为示意，在印制公文时并不印出。

图 1-2　下行文、平行文首页版式

页边距，37 mm
000001
秘密★1年（三号黑体）
特急
80 mm
×××××文件
□（三号仿宋）××〔2019〕10号
签发人：（三号楷体）×××
×××关于××××请示（二号小标宋）
（三号仿宋）××××××：
×××××××××××××××××××××××××××
××××××××××××××××××××××××××××
×××××××××××××××××××××××××××。
×××××××××××××××××××××××××××
××××××××××××××××××××××××××××
××××××××××××××××××××××××××××
××××××××××××××××××××××××××××
— 1 —

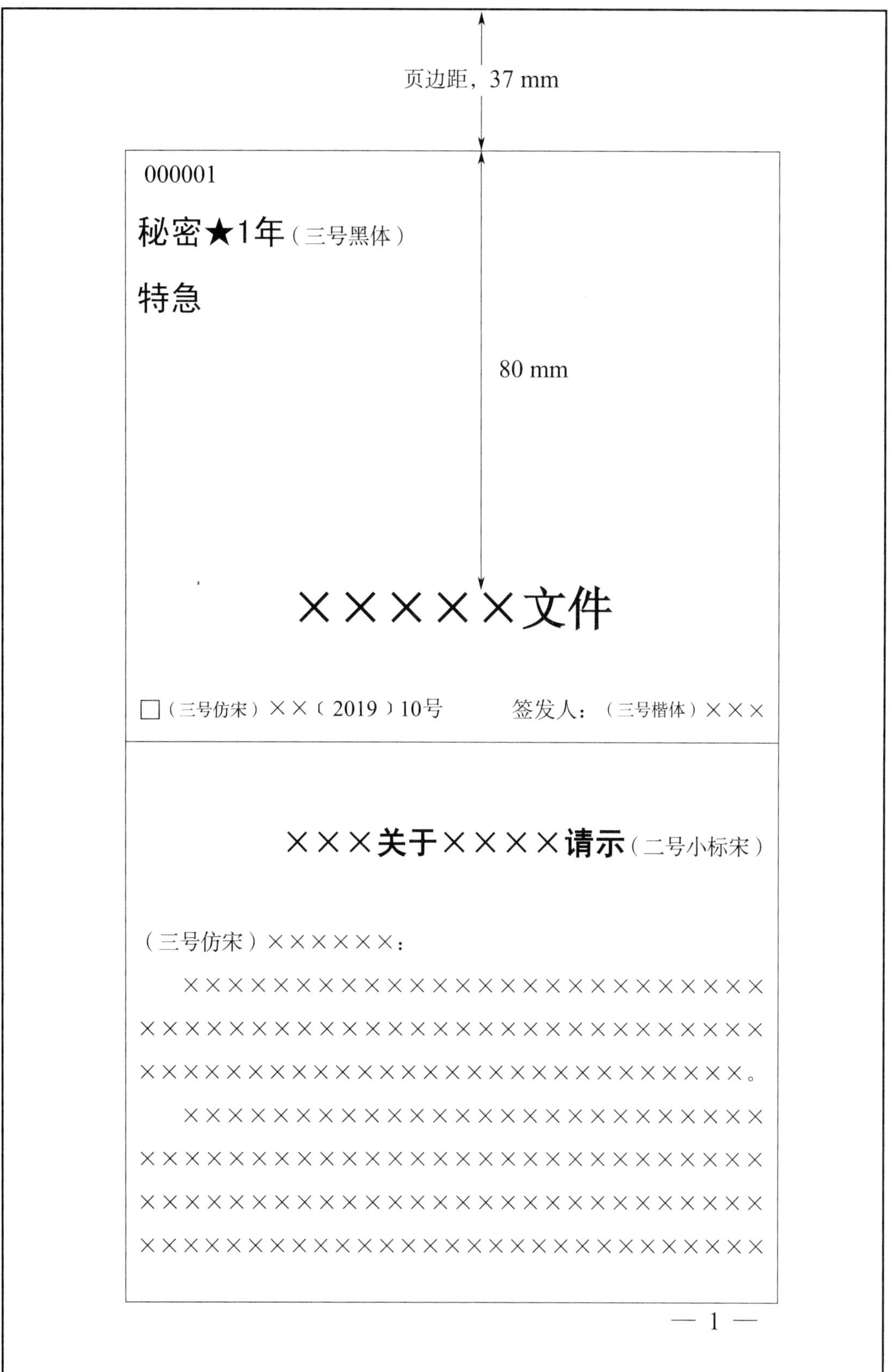

图 1-3　上行文首页版式

××××××××××××××。

附件：1.××××××××××××××

2.××××××××××××××

（加盖印章）

2019 年 11 月 18 日□□□□

□□（三号仿宋）（附注：×××××）

（三号黑体）主题词：（三号小标宋）××　××　××

□抄送：（三号仿宋）×××××××××，×××××××××，×

××××，××××××××。

□（三号仿宋）×××××××××　　2019 年 11 月 18 日印发□

（共印×××份）

— 2 —

注：版心实线框仅为示意，在印刷公文时并不印出。

图 1–4　公文末页版式

××××××××局(距上 30 mm)

000001　　　　　　　　　　××函〔2019〕10号

机密

特急

关于××××××的函

×××××××××：

××。

附件：1.××××××××××××××××××××××××××××××

2.×××××××××××××

(加盖印章)

2019年11月8日

(附注：×××××)

□抄送：×××××××××，×××××××××，×××××。

□××××××××印制　　　　2019年×月××日印发□

(文武线距下 20 mm)

图 1–5　信函公文版式

思考与练习

一、名词解释

1. 文书

2. 公文

二、简答题

1. 文书的基本含义可以从哪几个方面理解?

2. 按照公文发送方向的不同，公文可以分为哪几种类型?

part

02

第二章 | 文书工作

学习目标

- 掌握文书工作的内容
- 了解文书工作的机构
- 掌握收文办理、发文办理和文书归档的基本流程

文书工作就是运用科学的原则、程序和方法，完成对机关文件的制发、处理与管理的一系列工作。文书工作中比较重要的是公文的处理，其基本任务是科学地组织机关的文书工作，及时准确地处理机关的往来文书。

第一节 文书工作概述

一、文书工作的内容

具体而言，文书工作主要包括以下三个方面的内容。

1. 收文办理

凡是由外机关或外部门发送给本机关的文件，统称为收文。收文办理是指对外机关发送给本机关的所有文书进行收进处理的工作程序，主要程序包括签收、登记、

初审、拟办、分送、批办、传阅、承办、催办、注办和归档等环节。

2. 发文办理

凡是由本机关撰制并向外发出的一切文件，统称为发文。发文办理是指各机关单位答复外机关来文或根据需要向外机关主动发出文件的工作程序，主要程序包括起草、审核、签发、复核、登记、缮印、校对、用印、存档和分发等环节。在工作中，可根据实际情况对主要程序做出微调。

3. 文书归档

文书归档是指文件办理完毕后，应当根据党政机关、企业、事业单位的相关规定及时整理（立卷）后归档。

资料窗

公文收发登记制度的起源

发出公文或收到公文要详细登记，这一制度在秦朝就已经初见端倪。在《秦律十八种·行书律》中有如下规定："行传书、受书，必书其起及到日月夙暮，以辄相报也。书有亡者，亟告官……书书廷辟有曰报，宜到不来者，追之。"这说明发出或收到文书，必须登记发文或收文的具体时间，以便及时回复。这是现存最早的关于公文登记制度的确切史料。

二、文书工作的机构

文书工作是各机关工作的一个重要组成部分。文书工作的机构隶属于各级秘书机构，各级文书工作的管理机构为各机关办公室（党政机关设立的负责协助机关领导处理机关日常工作并主管文秘和机关行政管理事务的综合职能部门称为办公厅）。文书工作常作为各机关办公室工作的重心。

由于职责和任务的不同，文书工作机构设置上有分理制和综理制两种。分理制机构设置是将机关工作按业务范围分部门办公，办公室为综合部门，办公室内再设具体业务处室，如秘书处，秘书处下还可设拟文室、打印室、机要室等，这些都是文书工作机构。综理制机构设置即综合管理，不分机构、不分部门办公。例如，各省、市的政协机关、人大常委会、社会团体都是综理制机构设置，各级公文工作由各自的秘书处综合管理。

文书工作机构仅对本机关的领导负责，与上一级文书机构或下一级文书机构都没有领导与被领导关系。因此，文书工作机构具有封闭性的特点。

资料窗

中国古代文书工作机构及官职

在商、周时代，掌握文书的官职是史官，“史”字的本义就是“掌握文书”。出现于商朝末期、成型于西周的太史寮，是我国历史上最早的综合性秘书机构，内设太史、小史、内史、处史、御史等“五史”。其中，内史又称“作册”，是掌握公文起草的人员。御史又称“柱下史”，是保管文书档案的人员。

在古代历朝中央政府衙署和地方政府中，负责处理文书业务的主要史官有长史、主簿、令史、书佐、押司、书吏等，如《三国演义》中的杨修是丞相府仓曹属主簿，《水浒传》中的宋江是郓城县押司。

三、文书工作的行文制度

1. 行文方式

行文方式是根据机关行文的方向而确定的，分为上行文、平行文和下行文三种。

（1）上行文

上行文是指下级机关向直属上级机关的行文。一般情况下，下级机关应向直属上级机关送呈公文，以保持正常的工作秩序。

（2）平行文

平行文是指行文的机关之间没有隶属关系、业务指导关系，仅就某一事务相互行文。平行文可在不分系统、级别、地区的党政机关、企业、事业单位、社会团体之间使用。

（3）下行文

下行文是指上级机关对直管下级机关的行文。下行文根据具体情况可以分为逐级下行、多级下行和直达基层三种方式。逐级下行是指根据层级关系逐级向下的行文方式；多级下行是指同时下达给多个层级的下级机关；直达基层是指将公文直接发到基层组织和群众，一般借助于报刊、广播和张贴等渠道来实现。

2. 行文关系

行文关系是指发文机关和收文机关之间的文件往来关系，是根据机关的组织架构、领导关系和职权范围而确定的文件授受关系，一般包括隶属关系和非隶属关系两种类型。

（1）隶属关系

隶属关系是指同一系统的机关之间存在领导与被领导的上下级关系，下级机关隶属于上级机关。具有隶属关系的机关之间行文应使用下行文或上行文。

（2）非隶属关系

非隶属关系是指行文机关之间不存在领导与被领导的上下级关系。具体而言，非隶属关系包括三种情况：一是上级主管部门和下级业务部门之间的业务指导关系；二是同一系统的同级机关之间；三是非同一系统的机关之间，无论级别高低，均为非隶属关系。第一种情况的行文应使用下行文或上行文，后两种情况的行文应使用平行文。

3. 行文规则

行文规则是根据隶属关系、行文方式、组织结构以及文种规范等多种标准确定的公文运行准则，可以有效地防止行文混乱，使公文发挥应有的作用。行文规则主要包括以下几个方面的内容。

（1）行文应确有必要，注重效用

制发文件应从实际需要出发，确有必要通过公文解决的问题才可行文，严格控制发文数量和范围。如果内容已被其他文件包括，则不应再制发文件；如果可以通过其他方式沟通解决，也不必制发文件；如果业务工作相同或相似，那么可以将事务合并发文；经批准在报刊上全文发布的行政法规和规章可不再行文，坚持少而精。

（2）一般不能越级行文

机关行文应根据隶属关系和职权范围确定主送机关，一般不得越级。属于主管部门职权范围内的具体问题，应直接报送主管部门处理，直属上级机关解决不了的问题，可由该机关再向上一级机关请示或报告。频繁的越级行文不仅会扰乱行文秩序，增加公文处理的难度，而且会妨碍业务工作的正常进行。只有在极特殊的情况下才可以越级行文：一是逐级行文会延误时机，造成严重后果；二是被上级机关长期忽视得不到解决的问题，可越级向更高的上级机关行文；三是检举揭发直接上级机关；四是答复更高上级机关的询问。

（3）党政机关各部门依规行文

党政机关各部门依据部门职权可以相互行文和向下一级政府的相关业务部门行文。除以函的形式商洽工作、询问和答复问题、审批事项外，一般不得向下一级党政机关正式行文。部门内设的机构除办公室外不得对外正式行文。在企业、事业单位中，也可以参照以上规则确定部门的行文规则。

（4）联合行文有多重注意事项

当某一工作涉及不同的机关职权范围或需要多个机关共同协作完成时，则需要联合行文。联合行文是指两个及以上机关为解决某一事务而共同制发一份文件。机关之间联合行文应注意：联合行文的机关不宜过多；要坚持“确有必要”的原则，凡可行可不行的不要联合行文；联合行文的主办单位应按党、政、军、群的顺序排列。

（5）行文前内部应协商一致

机关部门之间对有关问题未经协商一致，不得各自向下行文，如擅自行文，上级机关应责令纠正或撤销。

（6）正确处理主送和抄送的关系

要正确处理主送和抄送的关系，避免多头主送。公文除具有普遍指导意义的下行文外，一般只能有一个主送机关，需要协办或知晓文件内容的机关只能作为抄送机关。

遇下列情况，公文应以抄送处理：公文内容涉及有关机关的职权范围需其予以配合时，可向该机关抄送；向下级机关或者本系统的重要行文，应同时抄送直接上级机关；受双重领导的机关向上级机关行文，应写明主送机关和抄送机关；上级机关向受双重领导的下级机关行文，必要时应抄送另一上级机关；“请示”一般只写一个主送机关，需要同时送其他机关的，应用抄送形式；因特殊情况必须越级请示时，应当抄送被越过的上级机关。

（7）坚持党政分开原则

公文行文的党政分开原则是指在各类机构中，党政两个机构体系根据职权范围各自行文，不能直接相互行文，并尽量减少联合行文。

第二节　收文办理

收文办理是公文办理的一个环节，是指对外机关发送给本机关的所有文书进行收进处理的一系列程序性工作。其主要工作程序包括签收、登记、初审、拟办、分送、批办、传阅、承办、催办、注办和归档等环节。

一、签收

签收就是机关文秘人员收到文件材料后，在对方的传递文书单或送文登记簿上（见表 2-1）签字，以表示收到文书。签收的目的是明确交接双方的责任，保证公文运转的安全可靠。

表 2-1　　送文登记簿

序号	发文时间	封套号	发文机关	文别	签收人	签收时间	备注

签收的具体操作步骤如下。

1. 清点

清点就是核对所收公文的件数是否与传递文书单或送文登记簿登记的件数相符。

2. 检查

检查就是核对所收公文封套上注明的收文机关或收件人是否确与本机关相符，核对封套编号是否与传递文书单或送文登记簿的登记相符，检查公文包装是否有破损、开封等问题。如收文机关有错误，要及时退回；如包装有破损、开封等现象，要及时查明原因。

3. 签字

签字就是经清点、检查无误后，收件人在传递文书单或送文登记簿上签署姓名和日期。签字时应该签写收件人的全名，并签写收到的时间，普通件注明收到的年、月、日即可，急件和重要件除此之外，还要注明时和分，以备事后查考。签字一定要工整、规范。

二、登记

登记就是对收进的文件在收文登记簿（见表 2-2）上编号并记载文件的来源、去向，以保证文件的收受和办理。登记的目的是便于对收文数量进行统计以及今后的查考利用。

登记时应视具体情况采用总登记或分类登记。总登记适用于收文数量较少的机关，即把所有收到的文件按年度、收文时间先后编流水号登记；分类登记适用于收文数量较多的机关，即把所有收到的文件先分类别（如按文件的来源或按文件的内容分），然后在各类别内再编流水号登记。

表 2-2 收文登记簿

序号	来文日期	来文机关	来文标题	密级	送往部门	签收人	备注

收文登记是一项十分烦琐而细致的工作。在登记中，文秘人员应认真负责，一丝不苟，并注意以下要点。

■ 登记时，不可漏项，能在登记时完成的项目，应当即填写；需要过后补充的，应及时补充。

■ 填写收文序号时，不可出现空号、重号的现象。

■ 在收文登记簿登记项目时，不可任意删减。

■ 签字时，只能使用钢笔或签字笔，字迹要工整、规范，不得随意涂抹。

■ 分清轻重缓急。如果收文较多，先登记急件和重要件，普通件稍后处理。

三、初审

初审是指在收到下级机关上报的需要办理的公文时，由文秘部门对公文的内容、行文规则、文种使用等项目进行的审查核对工作。初审的目的是检查收到的公文在文字表述、公文格式、行文方向等方面是否规范，把好公文质量关。

初审时应注意以下要点。

■ 公文是否应由本机关办理。

■ 公文是否符合行文规则。

■ 公文内容是否符合国家的法律法规及其他相关规定。

■ 公文中涉及其他部门或地区职权的事项是否已协商、会签，公文文种的使用、公文的格式是否规范。

经初审不符合规定的公文，应当及时退回来文机关并说明理由。

四、拟办

拟办是指文秘人员对收文应如何办理所提出的初步意见，以供领导批办时参考。拟办意见是一种参考性意见或建议，用于协助领导及时、有效地处理文件，提高办文效率。

1. 拟办的范围

需要注意的是，不是所有的收文都要写拟办意见，除了阅知以外，还应具体处理的文件，才需要写拟办意见，其范围包括以下几个方面。

（1）上级机关主送本机关需要贯彻落实的文件。

（2）机关直属各部门主送本机关的请求性或建议性文件、重要计划、方案、财务预决算等。

（3）下级机关主送本机关的请求性文件。

（4）平级机关和不相隶属机关主送本机关的商洽性、涉及重要答复和共同研究协作等问题的文件，其他需要贯彻和承办的文件。

2. 拟办的要求

拟订拟办意见的文秘人员应当熟悉相关方针政策和法律法规，熟悉本机关的情况，熟悉各个部门的业务范围和相互关系，了解各个重要事项的办理程序和办理重要业务的相关规定。在提出拟办意见时，要全面考虑，使之科学、合理，并且简明扼要。同时将拟办意见填写在文件办理单（见表 2-3）的“拟办意见”一栏内。

表 2-3　　　　文件办理单

密　　级：

收文日期：　　年　　月　　日　　　　　　　　收文号：

<table>
<tr><td>来文机关</td><td></td><td>来文日期</td><td></td><td>来文字号</td><td></td></tr>
<tr><td colspan="6">内容摘要：</td></tr>
<tr><td colspan="3">附　　件：</td><td colspan="3">主办部门：</td></tr>
<tr><td colspan="6">拟办意见：</td></tr>
<tr><td colspan="6">批示意见：</td></tr>
<tr><td colspan="6">办理结果：</td></tr>
<tr><td>归卷日期</td><td colspan="2"></td><td>归入卷号</td><td colspan="2"></td></tr>
</table>

五、分送

分送又称分发或分办，是指文秘人员在文件登记等程序完毕后，按照文件的内容、性质和办理要求，及时、准确地将文件分送有关领导、有关部门和承办人员阅办。

分送时应注意以下要点。

■ 已有明确业务分工的文件，根据本机关的工作范围分送给有关的领导和主管部门。

■ 来文机关答复本机关询问的文件，如收到的批复、复函或情况报告、报表等，要按本机关原发文的承办部门或主管人分送，即原来是哪个部门请示、询问或要求下级报送的，复文就送哪个部门办理。

■ 分送文件要建立登记交接制度并按制度执行。无论是分送给本机关领导和各部门的文件，还是转发给外机关的文件，都要履行签收手续。

■ 要求退回归档的文件，要在文件上注明“阅后请退回归档”字样，以便及时收回文件，防止散失。

六、批办

批办是指领导对提出拟办意见的文件如何办理做出最终的批示意见和要求。批办通常由机关主要领导对来文做出批示，这是领导参与公文处理的重要环节，是其行使职权的过程，也是收文办理中最重要的程序，它决定了文件的最终办理要求，是决策性的办文环节。

批办文件时要求领导认真阅读文件以及研究拟办意见，提出原则性批示意见。批示中要给文件承办部门指明办理原则、应注意的问题和办理要求，做到态度明朗、词义明确，并将批办内容填写在文件办理单（见表 2-3）的“批示意见”一栏内。

七、传阅

传阅即有关人员在工作职责范围内传递阅读文件。需要传阅的文件有两种情况：一是文件经主要领导批办后需要其他副职领导或有关人员传阅，以掌握文件精神和主要领导的批示意见；二是文件属于抄送件，不需要特别办理，只要求有关机关、部门和人员了解，收文后，文秘人员将文件直接送有关部门和人员传阅。

传阅时应注意以下要点。

■ 有密级的文件应严格按照保密工作的要求做好文件保密工作，即按不同的密级要求限定传阅范围，不得漏传、误传和延传。

■ 传阅文件要有时间限制，尤其是对有办理时限要求的文件，更要严格控制好传阅时间。

■ 文件传阅完毕必须及时交还给文秘部门保管，不得随意留存在个人手中。

■ 每份传阅文件都要由文秘部门在文件首页附上文件传阅单（见表 2-4）。凡传阅人员都要在文件传阅单上签写姓名和日期。

表 2-4　　　　文件传阅单

来文机关				来文标题			
来文字号		来文日期		收文日期		收文号	
传阅范围							
阅件人签名	阅件月日时		备注	阅件人签名	阅件月日时		备注

八、承办

承办一般是指有关部门和人员贯彻落实文件精神和要求，按领导批示意见执行具体的工作任务，办理有关事宜的过程。

1. 确认承办范围

部门和人员接到收文后，首先要确认是否属于自己的承办范围，对不属于本机关职权范围或者不宜由本机关办理的公文，应及时退回交办的文秘部门，并说明理由。

2. 按照批示意见办理

承办部门和人员收到交办的公文后应认真阅读，明确公文内容和发文意图，按照领导的批示意见认真组织办理，不得自行其是，或者借故推诿。但当遇到批示意见与实际情况不一致，或偶发新情况而不能按批示意见执行时，可以请示后再按批示意见办理；情况紧急的，可在一定条件下采取相应措施。两个或两个以上机关联合办理公文时，被定为主办机关者，应担负起主办责任，并负责将有关机关提出的意见归纳整理，报请本机关领导审批；协办单位要积极配合主办机关，不得借故推诿。

3. 及时快捷办理

任何公文都具有时效性，对需要承办但本身没有明确规定办理时限的公文，承办人员应根据公文的性质与重要程度以及惯例确定办理的时限；对于紧急公文，应当按时限要求办理，确有困难的，应当及时予以说明。一般情况下，特急件随到随办，应立即办理完毕或在一天之内办理完毕；急件原则上也是随到随办，应在最迟不超过三天之内办理完毕；限时完成的公文，应在限定的时间范围内办理完毕，不能延误。

4. 依据规章办理

承办中应遵循有关的方针政策和法律法规，依据惯例及实际情况办理公文。同时，承办工作要实行岗位责任制，对公文承办人员要明确职责，提出具体的要求与指标，做到目标明确、各司其职、权责相符、赏罚分明，以保证承办工作准确、及时、安全。凡被指定为主办机关者，具有主办责任，但不得独立办理公文，而应在法定职权范围内召集会议，组织协调，并负责将有关机关提出的意见归纳整理，拟写办理意见。

5. 签注公文的承办结果

为了日后查考公文承办的过程、方式、结果以及承办的责任者，便于维护正常的承办工作秩序，防止出现重复办文的现象，需简要注明公文的办理经过与结果。发文承办的，需注明复文号和复文日期；会议承办的，需注明会议名称、会议时间和议定事项；电话回复的，需注明通话的时间、地点、人员和主要内容；当面解决的，需注明解决的时间、地点、方法以及措施与结果等。

在公文办理完毕之后，承办人员应清晰、工整地在文件办理单（见表 2-3）的“办理结果”一栏内填写承办的经过与结果，并应填写承办人姓名与日期，以备日后查询。

九、催办

催办即文秘人员或有关部门对需要承办的文件进行检查督促的工作。它是解决文件积压和办理时间延误、加快公文运转的有效措施。各种催办方式的优缺点比较见表 2-5。

表 2-5　各种催办方式的优缺点比较

催办方式	优点	缺点	适用情况
电话催办	方便灵活，催办速度快，节省时间	只能依靠接电话者汇报，无法得知文件办理中的具体问题	常用于对内催办，偶尔用于对外催办
信函催办	可以更好地讲明催办缘由，有利于承办人及其领导传阅	信函写作、邮寄耗费时间，速度慢	对外和比较复杂的催办工作
催办卡催办	比写催办信函省时、省力	邮寄耗费时间，同信函一样慢	不常用
登门催办	催办人与承办人面对面交流，及时发现问题，帮助承办人解决具体困难和实际问题，催办的实际效果较好	当需要催办的机关较多而催办人较少时，催办任务不易落实	重大工作或需要当面反复沟通的工作

续表

催办方式	优点	缺点	适用情况
会议催办	可以节省时间，提高效率，且会上可以总结推广承办经验	催办会议的筹备会给承办人增加负担	重大工作或涉及众多部门的工作
简报催办	对久拖不办的部门或机关进行适当批评，对办文速度快、质量高的部门或机关加以表扬，总结推广办文经验	编制、发送简报较为耗费时间	重大工作、承办周期较长的工作或由不同部门承办导致进度难以统一的工作

十、注办

注办是指由文件承办部门的承办人员在公文办理完毕后对文件的办理情况和办理结果所做的说明。承办完毕后，承办人员将办理情况和结果填写在文件办理单（见表 2–3）的“办理结果”一栏内。办理结果应当及时答复来文机关，并根据需要告知相关单位。

注办一般包括以下情况：一般的传阅文件，在有关人员传阅完毕后，文秘人员应注明阅毕的日期；需要办理复文的文件，办理完毕后要注明“已复文”，并注上复文的日期和文号；口头或电话答复的要注明时间、地点、会谈或接听人姓名、主要内容等，并由承办人签字；不需要复文的文件要注明“已办”“已阅”“已摘记”等字样。

十一、归档

归档就是指文秘部门将办理完毕的、具有保存价值的文件立卷，向机关档案室移交，将无保存价值的文件按规定销毁（详细内容将在第三章进行讲解）。

第三节　发文办理

发文办理是指本机关答复来文或根据需要向外机关主动发出文件的过程。发文办理的全过程分为两个阶段：第一阶段从起草到签发，称为拟制阶段，也是发文办理的重点阶段；第二阶段从复核到分发，称为制发阶段。发文办理流程如图 2–1 所示。

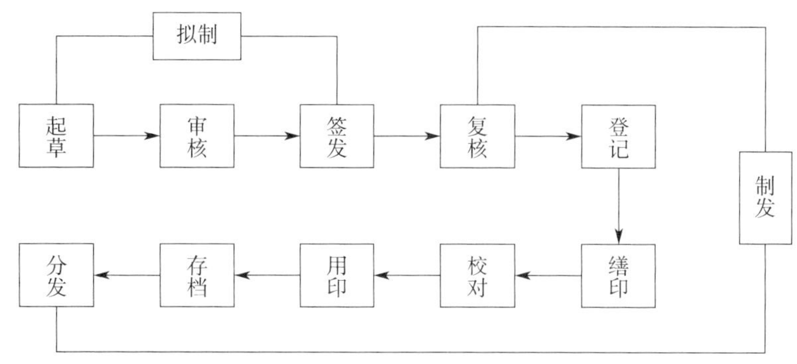

图 2-1 发文办理流程

一、拟制阶段

1. 起草

起草又称拟稿，是指文件的草拟过程，是制文阶段的起始环节，也是发文办理工作中的一个关键性环节。草拟文件的质量能够体现文秘人员的基本功，决定了是否能够充分反映文稿法定作者（即党政机关、企业、事业单位、社会团体）发布政令、开展业务、交流信息的愿望和要求，是一项严肃的工作。

需要注意的是，公文虽是应用文的一种，但由于其有特定的作者、对象、性质、格式、语言修辞和制作程序，因此又区别于一般性应用文（如请帖、启事）。

2. 审核

审核又称核稿，是指在公文送领导签发前，由文秘部门对公文的内容、格式和文字等进行全面核对检查。这一环节通常是由办公室指定人员负责或由经验丰富、水平较高的文秘人员承担。

文稿审核时应注意以下问题。

（1）行文的必要性和可能性

考虑行文的必要性和可能性是指是否确实需要行文。如果确实需要解决某问题，而又具备了解决问题的条件，有可能解决，才能发文。

（2）内容是否相互矛盾或抵触

审核文稿内容与党和国家的有关政策法规，上级机关的指示、决定等，以及与本机关之前发文有无相互矛盾或抵触之处。如发现问题，应按有关程序解决。

（3）要求、措施的明确性和可行性

审核文稿内容的要求是否写得明确具体，有无笼统含糊、模棱两可、前后不一致之处，有无规定过于死板、烦琐之处，所提的措施是否切实可行等。

（4）处理程序的完备性

审核文稿在处理程序上是否妥善完备。例如，发文的名义是否合适，是否需要会议讨论通过，涉及其他部门或地区职权范围内的问题是否协商一致并经过会签或上级机关的批准等。

（5）表达方式的准确性和流畅性

审核文稿是否通顺、简练、准确，是否合乎语法逻辑，有关数字是否已经核对，写法是否得当，标点符号是否正确等。

（6）文件格式的规范性

审核文稿的文种是否适当，标题是否达意，密级、处理时限是否正确，主送机关和抄送机关是否符合规定等。

在审核中发现的问题，必须逐一加以纠正。一般性问题可直接修改；如需做较大的改动，应附上具体修改意见，退回起草人或承办部门修改。

3. 签发

签发就是机关领导对文稿进行最后的审核并签署意见的工作。签发是发文办理过程中最关键的程序，是领导行使职权的重要形式。签发文件的原则主要包括以下几个方面。

（1）凡以机关名义发出的文件，应由机关正职或主持日常工作的副职领导签发。内容重要或涉及面广的文件还必须经领导班子集体讨论通过，然后由主要领导执笔签发。

（2）一般业务性、事务性工作的文件，可由具体分管的副职领导签发。如果文件涉及的问题较为重要，也可请正职领导加签。

（3）有关日常性工作的文件，经授权可由秘书长或办公室主任签发。

（4）经会议讨论、修改通过的文件，整理后可由会议主席或秘书长及其他授权人签发。

（5）几个机关或部门联合发文，或内容涉及其他机关部门的公文，应实行会签。会签是指这些准备联合发文的机关或部门对文稿通过协商，取得一致意见后共同签发行文。送请会签应由主办该公文的机关或部门负责。

（6）签发公文过程中，领导应再次认真审阅文稿，如因发现问题需做重大改动，应做出明确批示，可在文稿的右白边批注意见，或由文秘人员口头转告拟稿部门重新修改，待修改并誊清后再做签发。

（7）签发时应在发文稿纸（见表 2-6）的“签发栏”内写明意见，并签署姓名和具体完整日期。签署意见必须明确，不能模棱两可；签署字迹要工整、规范。如需要送机关领导审阅的，要写明“请某某同志审阅后发”。如审批人圈阅或签名，应当视为同意。受领导委托代行签发职责的，要注明“某某代签”。

表 2-6 发文稿纸

密级：（ ） 缓急：（ ）

<table>
<tr><td rowspan="2">签发：</td><td colspan="3">办公室核稿：</td></tr>
<tr><td colspan="3">主办部门核稿：</td></tr>
<tr><td>会签：</td><td colspan="3">拟稿人：
电话：</td></tr>
<tr><td colspan="4">事由：</td></tr>
<tr><td colspan="4">主送机关：
抄送机关：</td></tr>
<tr><td colspan="4">附件（名称 份数）</td></tr>
<tr><td>主题词：</td><td>打字：</td><td>校对：</td><td>共印 份</td></tr>
<tr><td colspan="2">发文字号：</td><td colspan="2">成文日期：</td></tr>
<tr><td colspan="4">（正文）</td></tr>
</table>

（8）几个机关或部门联合发文，一般应由主办机关负责送请有关联署机关或部门的领导会签。单独发文的成文日期，应以领导签发的日期为准；联合发文的成文日期，应以会签的最后一位领导签发的日期为准。

二、制发阶段

1. 复核

复核是指已经发文机关领导签批的公文，在印发之前由文秘部门对文件定稿进行再次审核的工作。复核是公文正式印制前文秘部门进行的最后一次复审。

复核的重点是：审批、签发手续是否完备；附件材料是否齐全（在办理过程中是否有遗失或缺页）；格式是否统一规范，是否存在错别字、漏字等现象。

2. 登记

登记是指确定发文字号，同时也包括编写文件的份数序号、分送范围并详细记载的工作。

同一份文件只有一个发文字号，它是今后引用、检索文件的重要依据，必须按要求来确定，联合行文只标识主办机关发文字号。

3. 缮印

缮印是指对定稿进行排版并印制文件正本的过程。缮印文件一般是通过打印、胶印、铅印或复印等方式来印制文件的，必须严格按照国家标准《国家行政机关公文格式》（GB/T 9704—2012）的相关规定执行。缮印公文的具体要求如下。

（1）以定稿为依据，从文字到格式都不得擅自改动。如果发现定稿中确有错漏之处需要改正，应向上级汇报，由拟稿人或审核人进行重新审核和修改。

（2）严格按规定的公文格式制版。公文的缮印过程是公文格式标准化、排印规范化的过程。定稿一般书写在发文稿纸上，缮印时要将定稿的公文格式转化为符合国家统一标准的格式。

（3）在规定的时间内印制完成。急件要先印制，保密件要指定专门的印制单位或专人印制。

（4）要建立完善的文件缮印管理规章制度及登记制度，具体登记内容见表 2–7。

表 2–7　　缮印登记表

文件名称	送文机关	送文时间	印文数量	印完时间	缮印人姓名	取件人姓名	备注

4. 校对

校对是指在缮印文件的过程中，将印制出来的文本清样与定稿从内容到格式进行全面对照检查的一道程序。校对的具体要求如下。

（1）要采取“地毯式”检查的校对方法，即逐字逐句、逐个标点进行校对。对数字、地名和人名等关键词语，更要反复校核；对公文的发文字号、密级、紧急程度、标题、主送机关、抄送机关、日期、印刷份数和页码等尤需逐一校核。

（2）注意纠正和消灭排版错误，注意字体、字号和格式的统一。

（3）每一个校次最好由不同的人员进行，避免先入为主和一些个人因素的局限。通常文稿不长，一校、二校即可；文稿较长或较为重要，应增加校次。

（4）应使用统一的校对符号进行校对，防止因校对符号不一致而造成误解。

（5）对于重要公文，还应将校对后的清样送领导审阅。

5. 用印

用印是指在印好的文件正本的落款处正确加盖单位公章，以示文件生效的过程。

加盖单位公章是机关行使职权的凭证，是公文是否有效的标识，也是公文格式的一个组成部分。

要按规定用印，即在落款处成文日期上用印，做到上不压正文，下要骑年盖月；印章要盖正，确保庄重清晰；印色应为朱红色，要浓淡适宜，印迹要清晰可辨；要以签发为依据，经领导签发的文件才可以用印。

6. 存档

公文用印后，文秘部门应将拟发文前的各种稿本记录存档备查，同时做好发文登记。发文登记是在文件发出之前对文件主要内容和基本要素的记录，以便对发出的文件进行统计、核查等管理。发文登记簿具体内容见表 2-8。

表 2-8　发文登记簿

序号	发文日期	发文字号	文件标题	附件	密级	份数	发往机关	归卷日期	归入卷号	备注

7. 分发

分发又称封发，是指对印制完毕的公文的文字、格式和印刷质量进行检查后，对需要发出的文件按分发范围作分封和发送的过程。

分发是发文工作的基础环节，分发要确保文件准确、合理地进行定向、定速、定量的流动。文件分发由文秘部门承担，包括书写封面、装入文件、封套封口、登记、发送文件等一系列工作。

做好分发工作的总体要求是份数准确，书写正确，封口牢靠，发送安全，确认收文。其具体要求如下。

（1）封装文件前要先看注明的发送机关、密级以及有无附件，然后根据发送文件份数，对发出的文件数量做认真清点，确认份数无误。特别要注意附件是否有漏缺，文件有无缺页、倒页、错页等现象，文件有无漏盖印章等问题。

（2）文件封面的书写必须清楚、明白、正确，地址邮编、部门名称、姓名称谓都要书写工整，不得滥用简称和不规范汉字。

（3）文件装入封套时要注意短于封口；不能用订书钉封口，应用胶水封实；有密级的文件还要按密封要求贴上密封条并骑缝加盖密封章。

（4）发送时要根据文件情况通过不同的渠道发送。文件发送的渠道主要有电信传送和人工传送。其中，电信传送是指通过电报、传真、网络等形式传输文件。涉密文件的传递或传输要通过专门的方式和渠道。

（5）大批量寄发的普发性文件，可印制成套的信封，以节省书写时间和避免书写错误。对办复的发文要履行注办手续。

至此，一个完整的发文过程就完成了。

第四节　文书归档

文书归档是指将处理完毕的、具有一定查考利用价值的、应作为档案保存的文件材料，按照它们在形成过程中的联系，以“件”为单位，分类整理、装盒的过程。

进行文书归档能够保持文书之间的有机联系，便于查找利用文书档案和维护文书档案的完整与安全，便于文书档案的保管。

一、文书归档范围

1. 党政机关、事业单位文书归档范围

2006 年 12 月 18 日，国家档案局第 8 号令《机关文件材料归档范围和文书档案保管期限规定》正式施行。该规定比较详细地说明了各级党政机关文件材料归档的范围，事业单位也可以参照该规定明确本单位文件材料的归档范围，具体内容见表 2–9。

表 2–9　　机关文件材料归档范围

来源	需归档的文件材料	不需归档的文件材料
本机关文件	1. 反映本机关主要职能活动和基本历史面貌的，对本机关工作、国家建设和历史研究具有利用价值的文件材料 2. 机关工作活动中形成的在维护国家、集体和公民权益等方面具有凭证价值的文件材料	1. 本机关文件材料中的重份文件 2. 无查考利用价值的事务性、临时性文件 3. 一般性文件的历次修改稿、各次校对稿 4. 无特殊保存价值的信封，不需办理的一般性人民来信、电话记录 5. 机关内部互相抄送的文件材料 6. 本机关负责人兼任外单位职务形成的与本机关无关的文件材料 7. 有关工作参考的文件材料

续表

来源	需归档的文件材料	不需归档的文件材料
上级机关来文	1. 上级机关颁发的需要本机关贯彻执行的文件 2. 上级领导视察本机关工作时的重要指示、讲话、题词、照片和有特殊保存价值的音像材料	1. 普发性不需本机关办理的文件材料 2. 任免、奖惩非本机关工作人员的文件材料 3. 供工作参考的抄件等
同级机关和非隶属机关的文件	1. 非本机关主管业务但需要贯彻执行的法规性文件 2. 与本机关联系、协商工作的重要来往文件 3. 有关业务机关对本机关工作检查形成的重要文件	同级机关的文件材料中，不需贯彻执行的文件材料，不需办理的抄送文件材料
下级机关来文	1. 下级机关报送的重要文件材料 2. 下级机关报送的重要工作计划、报告、总结、统计报表、财务预算等文件材料	下级机关的文件材料中，供参阅的简报、情况反映，抄报或越级抄报的文件材料
其他	1. 根据情况对重要草稿进行归档 2. 其他对本机关工作具有查考价值的文件材料	

2. 企业文书归档范围

2013 年 2 月 1 日，国家档案局第 10 号令《企业文件材料归档范围和档案保管期限规定》正式施行。该规定便于企业正确界定文件材料归档范围，促进企业依法经营和规范管理。企业文件材料是指企业在研发、生产、服务、经营和管理等活动过程中形成的各种门类和载体的记录。企业需要归档的文件材料主要包括以下几种。

（1）反映本企业在研发、生产、服务、经营、管理等各项活动和基本历史面貌的，对本企业各项活动、国家建设、社会发展和历史研究具有利用价值的文件材料。

（2）本企业在各项活动中形成的对维护国家、企业和职工权益具有凭证价值的文件材料。

（3）本企业需要贯彻执行的有关机关和上级单位的文件材料，非隶属关系单位发来的需要执行或查考的文件材料；社会中介机构出具的与本企业有关的文件材料；所属和控股企业报送的重要文件材料。

（4）有关法律法规规定应归档保存的文件材料和其他对本企业各项活动具有查考价值的文件材料。

企业文件材料归档范围具体见表 2-10。

表 2-10　　企业文件材料归档范围

序号	归档范围
1	本企业设立、变更、解散过程文件材料
2	本企业董事会、监事会、股东会构成及变更等方面的文件材料
3	本企业资本登记、资本变动、融资文件材料
4	本企业资产管理文件材料
5	本企业总经理办公会、党政联席会会议文件材料
6	本企业召开的工作会议、专题会议的文件材料
7	本企业承办的大型展览会、博览会、论坛、学术会议、国际性会议的文件材料
8	有关机关和上级主管部门领导、社会知名人士检查、视察、调研本企业工作时形成的文件、工作汇报、录音录像等文件材料
9	本企业向有关机关、上级主管单位的请示、报告与有关机关、上级主管单位批复、批示
10	本企业收到的有关机关、上级主管单位等相关机构制发的文件材料
11	本企业与金融机构、中介机构及其他组织和个人来往文件材料
12	直属机关、所属和控股企业的请示、报告、函与本企业的批复、复函等文件材料
13	本企业经营决策、建设项目（含境外项目）管理、企业管理、资本经营、财务、物资管理、产品与服务业务管理、市场开发与营销、产品与服务销售管理、售后服务管理、客户信息、信誉、统计等管理工作文件材料
14	本企业生产组织、质量管理、能源管理、设备管理、安全、环保、计量管理、科技管理、信息化管理、标准、图书情报等管理工作文件材料
15	本企业组织机构设置、人力资源、文秘、机要、档案、保密、保卫、综合治理、信访、法律、外事、风险管理、内控与审计、社会责任、基本建设管理等管理工作文件材料
16	本企业党、团、工会等党群工作文件材料
17	本企业其他事务管理文件材料
18	各种非纸质载体、介质及实物形式的文件材料

二、文书整理与归档流程

2015 年 10 月 25 日，国家档案局发布了《归档文件整理规则》（DA/T 22—2015），该规则适用于各级机关、团体、企业、事业单位和其他社会组织对应作为文书档案保存的归档文件的整理。

文书整理与归档是将归档文件以件为单位进行组件、分类、排列、编号、编目（纸质归档文件还包括修整、装订、编页、装盒、排架，电子归档文件还包括格式转换、元数据收集、归档数据包组织、存储等），使之有序化的过程。本节重点讲解文书整理与归档过程中纸质归档文件的修整、装订及编页的方法，其他环节因为与“档案管理”工作有紧密联系，其具体内容将在第五章进行详细讲解。

1. 组件

归档文件以“件”为整理单位。界定“件”的概念时，从检索的实际需要及减轻整理工作量出发，一般以每份文件为一件。件的具体构成见表 2-11。

表 2-11 件的具体构成

序号	具体构成
1	正文、附件
2	文件正本与定稿（包括法律法规等重要文件的历次修改稿）
3	转发文与被转发文
4	原件与复制件
5	正本与翻译本，中文本与外文本
6	报表、名册、图册等一册（本）为一件（作为文件附件时除外），简报、周报等材料一期为一件
7	会议纪要、会议记录一般一次为一件，会议记录一年一本的，一本为一件
8	来文与复文（请示与批复、报告与批示、函与复函等）为一件
9	文件办理单或发文稿纸与相关文件

2. 修整

归档文件装订前，应对不符合要求的文件材料进行修整。修整是指装订前对文件、书籍、图表等的修复与整理，主要步骤包括以下几个方面。

（1）修裱破损文件

修裱是指使用黏合剂和选定纸张对破损文件进行修补或托裱，以恢复文件的原有面貌，增加纸张强度，延长文件寿命，便于文件的长期保存利用。其中，修补主要针对一些有孔洞、残缺或折叠处已磨损的文件。

（2）复制字迹模糊或易褪色的文件

对字迹模糊或易褪色的文件，一般采用复印的方式进行复制。例如，传真文件的字迹耐久性差，须复制后才能归档。但是复制文件本身也存在耐久性方面的问题，如易粘连等，需要采取一定措施加以防范。为减少复印件粘连的概率，复印时墨粉浓度不宜太高，颜色不宜太深，并且最好采用单面复印。

（3）折叠超大纸张

在实际工作中，某些特殊形式的文件如报表、图样等，纸张幅面一般大于 A4 型和 16 开，而档案盒尺寸是按照 A4 型纸张大小设计的，这就需要对超大纸张加以折叠。折叠的操作要求比较简单，但要注意尽量减少折叠次数，同时折痕处应尽量位于文件、图表字迹之外。文件页数比较多时，宜单张折叠，以方便归档后的查阅利用。

（4）去除文件上的金属物

文件制作时普遍使用的装订用品，如订书钉、曲别针和大头针等，其材质以铁、铝等化学性质活泼的金属为主，长时间保存后易生锈，导致污染保存的文件，应予以去除。但去除与否，应当综合考虑保管的期限、条件以及自然气候等因素。

3. 装订

归档文件修整完毕后应进行装订，其目的是固定文件页次，防止页面散失与混乱，以便转化为档案后进行保管和利用，一般以“件”为单位装订。装订按照《纸质归档文件装订规范》（DA/T 69—2018）进行，主要遵循以下四个原则。

第一，稳定性原则。应对归档文件进行仔细检查和评估，制定适宜的装订方案。方案应考虑文件保管期限、文件纸张质量、文件厚度、纵横向、订口空白尺寸、原装订方式等因素。装订方案确定后，应保持相对稳定。

第二，最小影响原则。装订应尽量减少对归档文件本身的影响，应避免多次装订，原装订方式符合文件保管期限等相关要求的，应维持不变。

第三，一致性原则。装订应有利于归档文件的保护和管理。相同期限的归档文件装订方式应尽量保持一致，不同期限的装订方式应相对统一。

第四，安全简便原则。装订应牢固安全、简便实用、整洁美观。装订材料不能包含或产生可能损害归档文件的物质。

装订具体操作时应注意以下几点。

（1）装订顺序

归档文件的稿本一般会存在比较复杂的情况，因此需要确定文件及其不同稿本的前后顺序。装订的基本顺序是：正本在前，定稿在后；正文在前，附件在后；原件在前，复制件在后；批转或转发件在前，被批转或被转发件在后；收文处理单在前，正式文件在后；来文和复文作为一件时，复文在前，来文在后；汉语文本在前，少数民族文本（或外语文本）在后。文件的装订排序示意如图 2–2 所示。

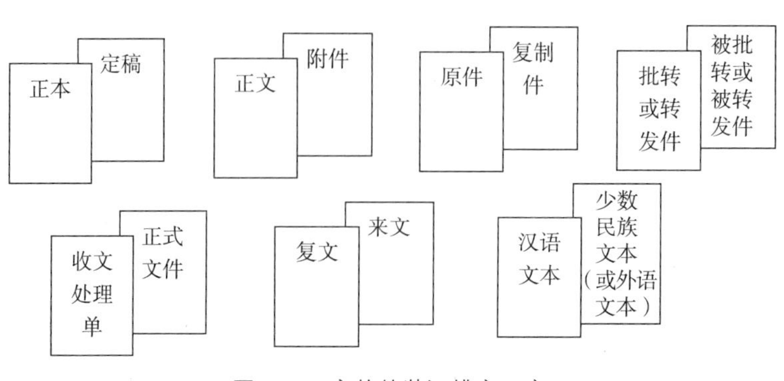

图 2–2　文件的装订排序示意

（2）对齐方式

装订时，应将构成一“件”的各页按一定方式对齐。如果各页均为同样幅面的纸张，那么使四条边沿对齐即可。如果各页的幅面不相同，可以根据装订位置的差异分别采用两种对齐方式：一是在左上角装订时，左侧与上侧对齐；二是在左侧装订时，左侧与下侧（底边）对齐，如图 2-3 所示。

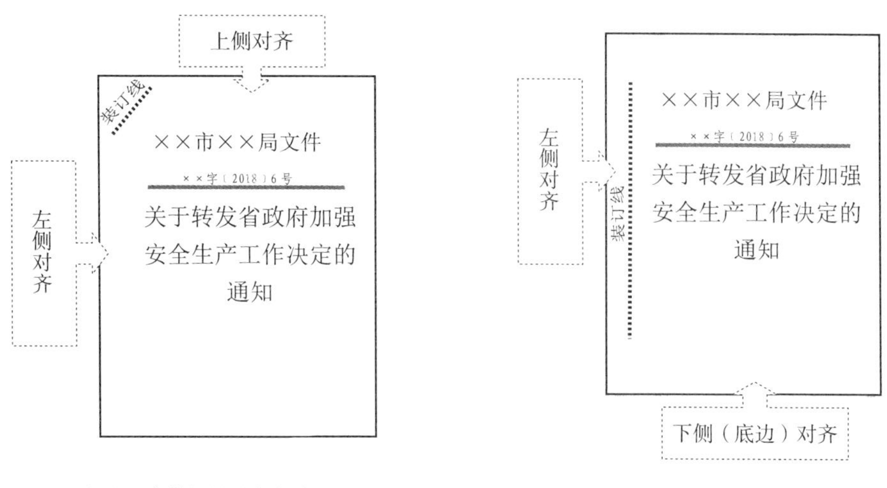

图 2-3 文件装订对齐方式示意

需要永久保存的文件应左侧装订，如果左侧装订会将图文封闭在装订区内，那么可以采用左上角装订。定期保存的文件不做明确要求，但要能保证档案安全。

（3）装订方法

《归档文件整理规则》（DA/T 22—2015）要求装订方式由归档文件保管期限和整理要求确定，装订材料要与保管期限要求相匹配，为便于管理，相同期限的归档文件装订方式应尽量保持一致。

在实践中主要有以下几种装订方法可供选择，见表 2-12。

表 2-12 装订方法

序号	方法	说明
1	线装法	线装法也称孔线式装订，是先对文件打孔，然后使用装订棉纱线从孔中穿过并打结。页数较少的文件使用直角装订或缝纫机轧边装订，页数较多的文件使用“三孔一线”装订
2	变形材料装订法	不锈钢夹装订：采用专业的不易腐蚀生锈的钢制夹具将文件固定。其优点是不损坏文件纸张，可以灵活调整文件顺序或灵活抽出某份文件；缺点是只能应用于多份文件的保存管理，难以针对单份文件装订
		不锈钢订书钉装订：不锈钢订书钉一般都会经过特殊生产工艺的处理，可以长时间保存而不发生氧化腐蚀，使用不锈钢订书钉不会降低装订的牢固程度

续表

序号	方法	说明
3	粘接式	采用胶水等黏合剂将文件页面粘在一起，操作简单、成本低廉，但是这种方法不利于文件拆阅，且易缩短纸张寿命
4	封套法	用无酸纸制作成上方开口或上方、侧面开口的封套，将归档文件夹装入其中的装订方法

4. 编页

纸质归档文件一般以“件”逐页编制页码，分别标注在文件正面右上角或背面左上角的空白位置。文件材料已印制成册并编有页码的，拟编制页码与文件原有页码相同的，保持原有页码不变。

5. 装盒

将归档文件按顺序装入档案盒，并填写档案盒盒脊及备考表项目（具体填写方法在第五章详述）。不同年度、机构（问题）、保管期限的归档文件不能装入同一档案盒。

6. 排架

将整理完毕的档案盒上架排列，排列方式应与本机关的归档文件分类方案一致，应避免频繁倒架。

思考与练习

一、名词解释

1. 发文办理

2. 收文办理

二、简答题

1. 简述收文工作的处理流程。

2. 简述文书整理和归档的基本流程。

part 03

第三章 档案与档案工作

学习目标

- 了解档案的定义、价值，掌握档案的常见类型
- 能够区分档案与文献、文物、图书等概念的区别
- 掌握档案工作的内容，了解档案工作的基本原则和管理机构

档案与生活息息相关，档案工作是各项事业发展的重要基础，随着时代的进步和社会的发展，档案工作的涉及面越来越广。明确对档案的认识，了解档案的内涵，理解档案与文书之间的关系，把握档案工作的基本原则和主要内容，是进行档案实务工作的基础。

第一节 档案

一、档案的定义

《中华人民共和国档案法》对档案有如下定义："档案是指过去和现在的国家机构、社会组织以及个人从事政治、军事、经济、科学、技术、文化、宗教等活动直接形成的对国家和社会有保存价值的各种文字、图表、声像等不同形式的历史记录。"这个定义详细说明了档案的形成者、产生领域、特点和形式。

在档案的定义中，包含以下几个方面的基本内容。

第一，档案来源和内容的广泛性，这主要从档案主体和涉及内容的多样性反映出来。

第二，档案是有价值的历史记录，文件转化为档案应符合三个条件：一是文件处理完毕；二是文件有保存价值，即具有历史效用；三是文件按照一定规律保存起来。

第三，档案形式的多种多样性。随着社会的进步和技术的发展，档案形式日益丰富。

第四，档案的本质属性是原始记录性，是对实践活动的直接记录，而不是事后编写和随意收集。

简而言之，档案是国家机构、社会组织以及个人在社会活动中直接形成的有价值的各种形式的历史记录。

资料窗

档案称谓的演变

我国古代的档案，在各个朝代有着不同的称谓：商朝称为“册”，周朝称为“中”，秦汉称为“典籍”，汉魏以后称为“文书”“文案”“案牍”“案卷”“簿书”，清朝多用“档案”。

二、档案的价值

1. 凭证价值

档案的凭证价值源于档案的原始性。中国人常说：“空口无凭，立字为据”“口为空，字为宗”。档案的内容是在社会实践活动中“实时实地”形成的，客观地记录了实际情况，是令人信服的历史证据，是各种历史事件的见证。当尘埃落定，要重现当时的情况，还原真实历史面貌，只有依靠档案。档案作为历史真迹，具有无可辩驳的证据价值。

同时，档案本身的物质形态还保存着真切的历史标记，如形成者的亲笔手书和亲笔签名、机关或个人的印信，以及照片、原声录音和录像。这些真实的历史标记，绝非其他材料可以相比，是日后查考、研究和处理问题的依据。

档案具有内容上和形式上的原始性，是历史事实的确凿证据，其凭证价值无可替代。

资料窗

找到20世纪50年代入股凭证，退休老人愁眉舒展

重庆九龙坡区的王德高老人是原巴县白市农产厂的老职工，20世纪50年代以工商业者身份在该厂入有股金，后落实工商业者待遇时，由于没有入股凭证，老人按政策应享受的老工商业者待遇和提高退休金的事却一时无法实现，这可愁坏了老人。为此，老人找到了九龙坡区商务局，商务局领导热情地接待了他，在问清情况后立即派人陪同老人一道来到巴南区档案馆，通过对存于档案馆的财贸系统档案的查阅，在238-7-14-27号白市农产厂案卷中，终于找到了老人的入股凭证。拿到凭证时，老人愁眉一展，开心地说："档案的用处就是大呀！"

2. 参考价值

档案的参考价值源于档案的记录性。从档案的来源可知，档案记录的内容涉及社会生活的方方面面，包含的信息极广。大至国家的政治、军事、经济、科学、技术、文化、宗教等活动，小至机关、企事业单位的具体工作甚至个人生活，档案所记录的不仅是事情的经过，也反映出在处理事情中人们的思想发展过程，这其中的经验和教训可以为档案利用者所借鉴。

档案是原始记录，它在参考价值上具有较高的原始性和可靠性。同时，由于档案来源广泛，涵盖社会生活的各个历史阶段，内容无所不包，所以，档案比其他资料有更大的参考价值。

资料窗

平江图

平江图为宋代平江府（苏州）城市平面图，是我国现存历史最久、最完整的城市平面图，如图3-1所示。它是我国现存最大的碑刻地图，也是世界上罕见的巨幅古代城市图，是研究我国城市规划设计和文化艺术的珍贵历史资料。

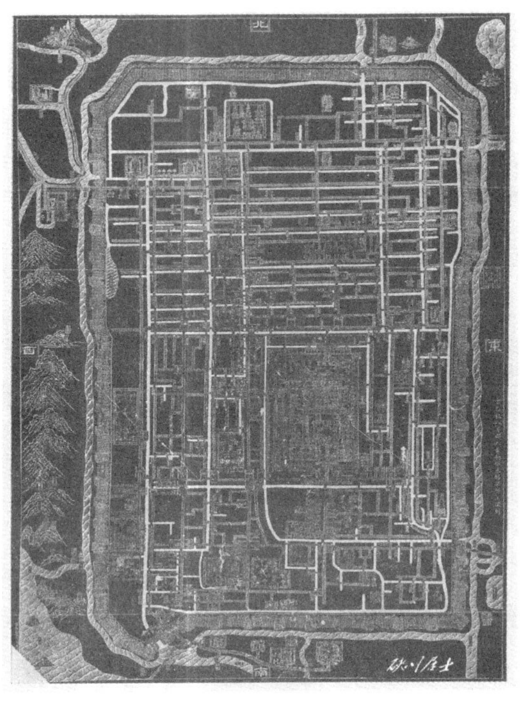

图 3-1　平江图

三、档案的类型

为了较全面地认识档案，可以按照不同标准对档案进行分类，档案的具体类型见表 3-1。

表 3-1　档案的类型

分类标准	具体类型
档案的来源	党政机关档案、党派团体档案、事业单位档案、企业档案、名人档案等
档案的内容	党务档案、行政档案、诉讼档案、军事档案、外交档案、科技档案、财务档案等
档案的载体形式	金石档案、甲骨档案、泥板档案、简牍档案、缣帛档案、羊皮档案、纸质档案、胶片档案、磁带档案等
记录信息的方式	文字档案、图形档案、音像档案（照片、录音、录像、影片等）等
档案形成的时间标准	中华人民共和国建立前或建立后的档案等

四、档案和其他相关概念的区别

1. 档案与文献

文献是一个外延很宽泛的概念，档案可以视为文献的一种。

按照出版形式不同，文献可以分为图书、期刊、报纸、特种文献（政府出版物、学位论文、科技报告、专利、标准、档案、会议文献和产品样本等）。

档案与其他文献最根本的区别是档案的原始记录性。文献不论是否是第一手原始记录，只要具有历史文化价值就是文献；而档案除了具有历史文化价值以外，还特别注重对现实社会有查考利用的价值。另外，档案有可能是零散的片段，而文献通常是完整系统的。

2. 档案与文物

档案与文物都产生于当时的社会实践活动，目的是为了直接使用。它们之间的区别在于，文物并不是当时的人们为了后人考古研究和鉴赏特意保存下来的，而档案则是人们为了日后查考以及更多更好地利用而特意保存下来的。

为文物拍摄的具有查考利用价值的照片及文字说明，都可以成为档案。

3. 档案与图书

档案与图书都记录了知识和信息，都有很强的记录性，都是有意识的活动，但是它们的区别也很明显。档案是国家机构、社会组织以及个人在社会活动中直接形成的历史记录，是人们进行社会实践的自然产物，而不是事后另行编写的。图书的形成来源不具有直接性和原始性，作为供人阅读的出版物，它必须经过整理编辑、印刷出版，凡是未经人为加工的原始信息，即使已贮存在一定的物质载体上，也不能视为图书。

4. 档案与资料

一般来说，对人们研究、解决某一问题有一定价值的所有相关信息都是资料，无论这些信息的表达方式和存在形式是什么，也无论这些信息是集中存放在一处还是散存在多处。档案可以被人们视为资料，但资料却不一定能被视为档案。

档案部门所保存的资料都是围绕相关档案形成的具有凭证和查考作用的相关信息，而资料只具有参考作用。

第二节 档案工作

一、档案工作的定义

档案工作是指档案工作人员在档案馆（室）从事档案业务工作，用科学的原则和方法管理档案。档案工作能够充分体现档案的价值，发挥档案的作用，为国家的各项工作提供档案信息服务。

二、档案工作的内容

档案工作包括档案的收集、整理、鉴定、保管与保护、检索、利用、编研、登记与统计等八项工作，通常称为档案工作的八个业务环节。

1. 档案收集

档案收集是指档案馆（室）接收和征集档案的工作，既包括对本单位或本地区归档材料的接收，也包括对社会人士捐赠档案的接收和对流散档案的收集。档案收集的目的是将分散的、需要归档的材料收归到专业部门中进行有效保管，解决的是档案的来源问题。

2. 档案整理

档案整理是指将收集而来的零散文件根据分类标准组成档案有机整体的工作，主要包括分类、排列、编号、编目等工作环节。档案经过整理之后就由零散、无序的状态转化为相互关系明确的档案系统。

3. 档案鉴定

档案鉴定是指对档案的真伪、保存价值进行判断，区别不同档案材料的价值大小和保管期限的长短。档案经过鉴定后可以有效淘汰无用的材料，使具有价值的材料得到合理的保管。

4. 档案保管与保护

档案保管与保护是指对档案进行日常管理和保护，确保档案的安全，延长档案的寿命。档案经过科学、合理的保管与保护，能够在较长时间内存放，从而为社会利用提供更持久的服务。

5. 档案检索

档案检索是指有选择地查找已存储的档案或档案信息的过程。检索档案需要借助相应的工具（主要是档案目录）。因此，档案检索一方面是对目录工具的使用；另一方面从档案管理角度而言，也是编目的过程。

档案编目就是对档案内容和形式特征进行分析、选择、浓缩和记录，并按照一定次序编排成为目录。档案目录主要有检索性目录（如分类目录、专题目录等）和介绍性目录（如全宗指南等，“全宗”即全部卷宗）。档案的编目与检索工作为档案利用创造了条件。

6. 档案利用

档案利用是指根据社会需求，对现有的档案信息进行分析、组织并向外界提供信息成果的服务活动。档案利用工作主要包括提供阅览、提供证明、档案展览、提供咨询等方式。档案利用是档案价值得以实现的重要途径，也是档案工作的目的和基本职能之一。

7. 档案编研

档案编研是指对档案材料进行编辑与研究，按照一定的选题，将重要的档案材料编辑成为文献出版物，或者将档案信息系统整理和浓缩编写成为资料汇编等成果。档案的编研成果主要有大事记、组织沿革、基础数字汇编等。档案编研是档案利用的高级形式，是对档案信息的深度开发，具有较强的专业性。

8. 档案登记与统计

档案统计是指以数字、数据等形式全面反映档案、档案工作和档案事业状况的手段，包括档案的收进、移出、整理、鉴定、保管和利用等各方面的统计结果，同时也可以对档案机构、人员、经费、设备等情况进行登记和统计。档案统计能够准确、集中地反映档案以及档案工作的客观情况，便于总结经验、科学决策和有效管理。

三、档案工作的性质

档案工作是一项非常重要而又严格的专门事业，是从事社会主义现代化建设、开展历史研究、进行各项工作的必要条件。档案工作就其基本性质和主要作用来说，是一项集政治性、管理性、服务性于一体的工作。

1. 政治性

档案工作的服务方向是档案工作政治性的集中表现，档案工作的机要性也能体现这一性质。

2. 管理性

档案工作的管理性主要表现在两个方面：一是所谓档案工作，确切地说，就是档案管理工作。这种管理工作，不只是对现成物件的一般保管和简单归纳，而是必须采用一套科学的理论原则和专门技术方法进行管理。二是从特定的部门、机关的档案工作来看，档案工作又是某种工作管理的组成部分。

3. 服务性

档案工作的服务性主要表现在通过管理和提供档案资料为各项工作服务，为档案利用者了解情况、总结经验、研究问题、做出决策提供档案信息。这是档案工作区别于其他工作的特点。

四、档案工作的基本原则

《中华人民共和国档案法》第五条中对档案工作的基本原则进行了明确规定："档案工作实行统一领导、分级管理的原则，维护档案完整与安全，便于社会各方面的利用。"从这一基本原则中可以看出，《档案法》已确定了档案工作的组织原则和管理体制，提出了档案管理的基本要求，体现了档案工作的根本目的和主要标准。

1. 统一领导、分级管理档案工作

这是我国档案工作的组织原则和管理体制。国家全部档案分别由各级、各类档案保管机构集中管理；全部档案工作在各级政府的领导下，由各级档案行政管理部门统一、分级、分专业进行管理。

2. 维护档案的完整与安全

这是档案工作的最基本要求，也是保证档案工作顺利进行的物质基础。

维护档案的完整，包含数量和质量两个方面的要求：在数量上，要保证档案的齐全，保证应该集中和实际保存的档案不致残缺短少；在质量上，也就是从系统性方面，要维护档案的有机联系，不能人为地割裂分散或者凌乱堆砌。

维护档案的安全，一方面应采取有效措施，尽量延长档案的寿命，尽量减少各种因素对档案的损坏，保证档案管理的物质安全；另一方面应采取保密措施，使档案机密不被盗窃、不泄露，保证档案管理的内容安全。

3. 便于社会各方面的利用

全部档案管理工作的最终目的是为社会和经济发展提供档案资料，这是档案工作的出发点和根本目的，也是检验档案工作的主要标准。

上述三个方面的内容，是一个相互联系、相互作用的辩证统一的有机整体。实行统一领导、分级管理，是维护档案完整与安全，便于社会各方面有效利用的组织保证；而维护档案的完整与安全，便于社会各方面的有效利用，又是统一领导、分级管理所要达到的目的。

五、档案工作的管理机构

档案工作是一项系统、复杂而且要求非常高的专业工作，需要设立专门机构履行档案保管、利用以及编研的各项职能。在我国，档案工作的管理机构主要有以下几种形式。

1. 档案行政管理机构

档案行政管理机构主要是指国家行政管理系统中专门履行档案管理职能的各级档案局、档案处等机构，分级负责管理、监督和指导相应地区、部门或系统内的档案业务工作。

2. 档案馆

档案馆是国家集中保管档案材料的场馆，是国家法定的专门永久保管档案的机构。我国多数档案馆是统一保管党政机关档案的管理部门，所以它既是党的机构，又是国家机构。档案馆所保存的档案，有些是有机密性的，因此档案馆又具有机要性。档案馆的类型见表 3–2。

表 3–2　档案馆的类型

分类标准	类型	设置机构举例
按地区	中央级档案馆	中央档案馆、中国第一历史档案馆、中国第二历史档案馆、中国电影资料馆等
	地方档案馆	北京市档案馆、新疆维吾尔自治区档案馆、绵阳市档案馆、北川县档案馆
按专业	综合档案馆	中央档案馆、四川省档案馆等
	专业档案馆	中国人民解放军档案馆、中国照片档案馆、各地城市建设档案馆等
按地区结合专业	中央级综合性档案馆	中央档案馆
	中央级专业性档案馆	中国照片档案馆
	地方综合性档案馆	四川省档案馆、绵阳市档案馆
	地方专业性档案馆	包头市城市建设档案馆

资料窗

档案馆称谓的演变

中国古代没有档案馆这一称谓。寺庙、石渠阁、天禄阁、兰台、东观、架阁库、黄册库、皇史宬、内阁大库等都是保管档案的机构。

1632 年，意大利档案学家波尼法西奥在《论档案》一书中明确提出了“档案馆（Archir）”这一名词概念。

3. 档案室

档案室是各级各类社会组织（机关、企业、事业单位等）内部设立的集中保管本单位档案的组织部门。档案室可以及时将本单位的归档文件进行整理与保存，灵活便捷地提供档案利用服务，同时也可以将需要永久保存的档案材料进行整理后向当地档案馆移交，是本单位与档案馆之间的桥梁。档案室的类型及特点见表 3-3。

表 3-3　档案室的类型及特点

类型	别称	功能	设置机构举例	特点
普通档案室	机关档案室、文书档案室	统一管理本机关党政工团组织的档案，主要是文书档案	机关、学校等	最普遍、数量最多
科技档案室	—	管理科技档案	工厂、矿山、科学技术研究院（所）等	由业务领导负责
音像档案室	资料室	管理照片、影片、录音带等音像档案	电影公司、制片厂、报社、通讯社、广播电视中心等	—
人事档案室	干部档案室	管理人事档案	机关、企业、事业单位的人事部门	较普遍
综合档案室	—	统一管理本机关全部档案	皖南医学院综合档案室	体现“统一管理”的要求
联合档案室	档案服务中心	共同管理有关机关的档案	由若干个性质相近、关系密切、驻地集中的单位联合成立	机构精简，有利于档案的保护与利用

思考与练习

一、名词解释

1. 档案

2. 档案工作

二、简答题

1. 根据不同的分类方式，档案包括哪几种类型？

2. 档案工作的八个环节具体是指哪些内容？

3. 档案工作的管理机构主要有几种形式？

part

04

第四章 档案收集

学习目标

- 掌握机关档案室的档案收集范围
- 了解企业档案室的档案收集来源和范围
- 了解档案馆的档案接收规定

档案收集包括档案接收和档案征集两个方面的工作。档案接收是指档案馆（室）收存档案的活动过程，它是整个档案收集的中心内容，是档案部门取得和积累档案的主渠道。档案征集是指档案馆按照国家规定征收散存或散失在社会上的档案和有关文献的活动，它是档案馆取得和积累档案史料的必要补充渠道。

档案收集主要包括机关档案室的档案收集、企业档案室的档案收集以及档案馆的档案收集三个主要方面。

第一节　机关档案室的档案收集

机关档案是指机关在公务活动中形成的、对国家和社会有查考、利用和保存价值的各种形式、各种载体的历史记录。机关档案室要对机关和各部门形成的各种文件材料的收集、整理、立卷和归档工作进行指导和监督。机关档案室不直接参加立卷工作，立卷工作由文秘部门进行，同时视机关大小，根据具体情况确定。

一、收集范围

凡是反映本机关职能活动的各种载体的文件材料都要收集，按国家档案局发布的《机关文件材料归档范围和文书档案保管期限规定》执行，主要收集以下材料（见表 4–1）。

表 4–1　　机关档案室的档案收集范围

序号	收集范围
1	本级党的代表大会、人民代表大会、政治协商会议、工会、共青团、妇联代表大会的文件材料
2	本级党委、人民代表大会、政治协商会议、纪律检查委员会、共青团、工会、妇联常委会、执委会、主席团、全体委员会会议，政府常务会、办公会议的文件材料
3	本机关党组（或实行党委制的党委）会议和行政办公会的纪要、会议记录
4	本机关召开工作会议、专题会议的文件材料
5	机关联合召开会议的文件材料
6	本机关承办国际性会议、大型展览会、博览会的文件材料
7	上级机关、上级领导检查、视察本地区、本机关工作时形成的文件材料
8	本机关业务文件材料
9	本机关机构编制、干部人事、党、团、纪检、工会、保卫、信访工作文件材料
10	本机关事务管理文件材料
11	上级机关制发的文件材料
12	同级机关制发的非本机关主管业务但要贯彻执行的文件材料
13	下级机关报送的文件材料

二、归档要求

1. 归档时间要求

归档时间是指文秘部门将需要归档的文件材料向档案室移交的时间。

《机关档案工作条例》规定在第二年上半年（六月前）向档案部门移交档案。某些专业性文件、机密性文件、特殊载体文件、驻地分散的机关文件、形成规律较为特殊的文件，为了便于实际工作查考利用，也可根据相关规定灵活处理。

2. 归档技术要求

归档文件应遵循文件的形成规律和特点，保持文件之间的有机联系，区别不同的价值，便于保管和利用。具体要求如下。

（1）归档的文件种类、份数和页数都应齐全、完整。

（2）归档文件应组成保管单位“件”“卷”。

（3）不同年度的文件一般不得放在一起归档。跨年度的请示与批复，放在批复年立卷；跨年度的规划，放在针对的第一年立卷；跨年度的总结，放在针对的最后一年立卷；跨年度的会议文件，放在会议开幕年立卷；非诉讼案件，放在结案年立卷；其他文件的整理归档应按相关规定执行。

（4）卷内文件应区别情况依序排列。密不可分的文件应依序排列在一起，如批复在前，请示在后；正文在前，附件在后；重要法规性文件的历次稿在定稿之后；非诉讼案卷结论、决定、判决性文件在前，依据性材料在后；其他文件依其形成的规律或特点，按相关规定排列。

（5）卷内文件应按顺序依次编写页号或件号。装订的案卷，应统一在有文字的每页材料正面的右上角、背面的左上角填写页号；不装订的案卷，应在卷内每份文件的右上方加盖档号章，并逐件编写件号；图表和音像材料等也应在装具上或音像材料的背面逐件编号。

（6）永久、定期案卷须按规定格式逐件填写卷内文件目录，卷内文件目录应置于卷首。

对文件的题名不要随意更改和简化；没有题名应拟写题名，虽有题名但无实质内容的应重新拟写；没有责任者以及年、月、日的文件要考证清楚，填入有关项内；会议记录应填写每次会议的时间和主要内容；音像材料应用文字标出摄像或录音的对象、时间、地点、中心内容和责任者。填写的字迹要工整。

（7）认真填写档案盒内或卷内备考表，备考表应置于卷尾。有关卷内文件的情况说明，都应逐项填写在备考表内，若没有情况需要说明，也应将立卷人、检查人的姓名和归档时间填上以示负责。

（8）卷内文件要去掉易锈蚀金属物，对破损的文件材料要进行修裱。

（9）需归档的文件要保持它们之间的历史联系和事理逻辑，区分保存价值，分类整理归档。

第二节　企业档案室的档案收集

企业档案是在各项企业活动中形成的档案。企业活动是指企业生产、经营、行政、科研、基建、设备管理等各职能部门，综合运用资源条件、劳动力、资本、科学技术、流通手段、企业信誉等经济要素，制造产品获取利润和创造经济效益，实现企业基本目标的活动。因此，企业档案是企业各种因素相互作用的产物，它综合反映和说明企业的基本面貌和全部活动，是各种内容和载体档案的总和。

一、收集来源

企业档案工作包括企业档案行政管理工作和企业档案业务建设工作。企业档案是在企业若干项职能活动形成的以企业管理档案为基础，以科技档案为主体的有保存价值的各种形式的文件，是企业知识资产和信息资源的重要组成部分。

企业档案工作要以满足企业各项职能活动在证据、责任和信息等方面的需求为导向，运用先进的管理方法，通过资源整合和开发，为企业研发、生产、经营、管理和持续发展提供有效服务。

企业档案的来源是企业的职能活动，这些活动可以总体划分为党群工作、行政管理、经营、生产、技术管理、科技研究、产品生产、基本建设、设备仪表、财务会计、人事管理。

二、收集范围

企业档案主要收集范围是和企业的生产与工作实践相一致的。国家档案局在《企业文件材料归档范围和档案保管期限规定》中提出，企业在编制文件材料归档范围和管理档案保管期限表时要以企业机构职责为依据进行设计，而且凡企业机构在职责履行过程中形成的文件材料都要在归档范围和保管期限表中反映出来，这样才能做到应归尽归。

企业除有和机关、事业单位及其他社会团体相同的人事档案、会计档案外，还有更具企业特色的企业董事会、监事会、股东会构成及变化文件材料，企业经营管理、企业生产管理的文件材料需要收集，主要包括以下内容。

1. 企业董事会、监事会、股东会构成及变化文件材料

此类文件材料主要包括企业资本登记、资本变动、融资文件材料，见表 4–2。

表 4–2　企业董事会、监事会、股东会构成及变化文件材料

序号	主要内容
1	国有资产管理部门对本企业国有资本金核算、确认、划转、变更的文件材料
2	其他非国有组织或机构资本对本企业投资、投入核算登记、确认文件材料
3	本企业证券和股票发行、增资扩股、股权变更等文件材料，主要包括：上市辅导和准备阶段形成的文件材料；评估报告、审计报告、承销商出具的核查意见、股票发行上市辅导汇总报告、发行人律师意见书、律师工作报告、股东大会决议、董事会通过的资金运用方案决议、固定资产投资项目建议书、招股说明书及发行公告（含财务报告、盈利预测报告）；与中介机构签订的上市辅导协议、尽职调查材料；发行申请书、证监会核准文件材料、审核过程中提出的审核反馈意见；股票发行申请报告及证券交易所的批复、发行方案、股票发行定价分析报告、路演推介文件材料；上市推荐书、上市公告书、确定股票挂牌简称的函；股票首次发行过程中形成的其他文件材料；股票增发、配股文件材料；增资扩股文件材料；股权转让文件材料；债权融资文件材料
4	企业股东、股权登记文件材料
5	企业融资工作中形成的其他文件材料

2. 企业经营管理文件材料

此类文件材料主要包括企业经营决策、建设项目（含境外项目）管理、企业管理、资本经营、财务管理、物资管理、产品与服务业务管理、市场开发与营销、销售管理等文件材料，见表 4–3。

表 4–3　企业资产管理文件材料

项目	主要内容
经营计划、决策文件材料	企业中长期规划、纲要，重要的经营决策文件材料；企业年度计划、任务目标、总结、统计文件材料；企业半年、季度、月份等计划、总结、统计文件材料；本企业、所属和控股企业的经营目标责任书、业绩考核评价文件材料
建设项目（含境外项目）管理工作文件材料	建设项目工作规划、计划、总结等文件材料，建设项目工作制度、办法、规定等文件材料，项目前期立项、规划、论证、设计、招投标、协议、合同、申请、审批等文件材料，项目检查、竣工验收、重要的专项报告、审批意见
企业管理文件材料	企业管理规划、计划、总结、实施方案、制度、规定、办法等，企业管理方案实施、检查验收文件等
资本经营工作文件材料	资本经营工作规划、计划、总结、条例、制度、办法、规定、决定等，资本经营工作通知、纪要、记录、调研报告
财务工作文件材料	财务管理制度、规定、办法、总结，财务管理工作计划、报告、通知，固定资产新增、报废、调拨文件材料，生产财务和成本核算文件材料，资金管理、价格管理、会计管理文件材料，企业税务登记、交纳、减免、返还等工作文件材料，企业经营盈亏情况报告、报表，企业财务预、决算报告

续表

项目	主要内容
物资管理文件材料	物资管理工作制度、规定、办法；物资台账、统计报表；物资分配计划、记录；物资采购审批手续、招投标文件材料、合同、协议、来往函件，物资保管台账、出入库记录等
产品与服务管理文件材料	产品与服务发展规划、计划、总结等，产品与服务管理制度、办法、规定等，调查研究文件材料；产品与服务决策文件材料，阶段评审文件材料
市场开发与营销工作文件材料	市场营销工作总结、市场营销管理制度，营销组织、市场网络建设、境外市场拓展、品牌建设等文件材料；市场营销工作规划、计划等；产品销售计划文件材料，产品订货会、市场分析和用户调查文件材料；产品市场推广、营销宣传等文件材料；业务开办、产品上市或终止的申请、报备、批复等文件材料
销售管理文件材料	销售管理制度、规定、办法，销售合同、协议、函件，售后服务文件材料，客户信息及资信调查文件材料

3. 企业生产管理文件材料

此类文件材料主要包括企业生产组织、质量管理、能源管理、设备仪器管理、安全生产、环境保护、计量管理、科技管理、信息化管理、标准管理、图书和情报等管理文件材料，见表 4–4。

表 4–4　企业生产管理文件材料

项目	主要内容
生产组织工作文件材料	生产组织工作制度、办法、总结等，生产组织工作规划、计划、报告，生产作业计划编制、执行及调度工作文件材料，生产调度会议记录，生产活动分析文件材料
质量管理工作文件材料	质量工作条例、制度、规定、总结，质量体系建设、运行及管理文件材料，产品创优获奖证书；质量工作规划、计划、措施；产品质量检测、化验、试验文件材料；全面质量管理工作形成的文件材料；质量异议处理、事故分析及处理文件材料、质量认证、检查、评比文件材料；产品召回、理赔等文件材料
能源管理工作文件材料	能源管理工作规定、总结；能源管理计划、统计报表，能源消耗定额管理文件材料；节能工作文件材料
设备仪器管理工作文件材料	设备仪器管理工作制度、规定、办法、总结等，设备仪器管理工作规划、计划等
安全生产工作文件材料	安全技术管理制度、办法、总结，自然灾害、生产安全事故抢救、调查、处理文件材料；安全技术管理规划、计划、通报、会议记录、安全体系建设文件材料等；安全、消防教育、应急演练活动文件材料
环境保护工作文件材料	环境保护工作制度、总结，环保调查、监测、分析文件材料；环境保护工作规划、计划；环境影响评价书、环保污染防治措施、总结、报告，污染事故抢救、调查、处理文件材料
计量管理工作文件材料	计量管理工作制度、规定、办法、总结等，计量管理工作规划、计划等，计量设备、仪器、器具定期检查记录

续表

项目	主要内容
科技管理工作文件材料	科技管理工作制度、总结，新产品开发、科技攻关项目、科技成果管理、技术引进文件材料；科技发展规划、计划、办法等；技术革新与合理化建议文件材料；学术交流活动文件材料
信息化管理工作文件材料	企业信息化管理制度、总结等文件材料；信息化发展规划、计划、办法等；企业信息化总体设计方案，信息系统设计、开发、实施过程评审文件材料；信息系统运行维护、数据管理、安全保密等的方案、记录、报告
标准管理工作文件材料	标准工作制度、规定、办法、总结，企业基础标准、技术规范、管理标准、工作标准、生产技术规范编写、评审、发布文件材料；标准工作规划、计划等
图书、情报工作文件材料	图书、情报工作制度、规定、办法、总结，图书、情报工作规划、计划等

第三节　档案馆的档案收集

档案是档案馆开展工作的物质基础。档案馆要积极开展档案的接收与征集工作，努力开发档案的信息资源，为社会提供有效的利用。

一、档案来源

1. 现行机关档案

现行机关档案是指现在正在进行日常工作的企业、事业单位和社会团体等组织形成的档案，它的特点是不断地产生和形成。按照国家规定，现行机关档案中具有长远保管意义的部分，需要定期向档案馆移交。这些档案就是档案馆档案不断增长和丰富的主要源泉。

2. 撤销或合并机关档案

撤销或合并机关档案一般是指中华人民共和国成立以后，由于机构改革和行政区划调整等各种原因被撤销或合并的企业、事业单位等组织形成的档案。

3. 历史档案

历史档案一般是指中华人民共和国成立以前，历史存在过的各种单位、组织以及著名人物在历史活动中形成的档案材料，其中包括革命政权档案和旧政权档案，这些也是档案馆档案的重要来源。

4. 交接档案

交接档案是指由于行政区划的变动或档案馆结构的变化等原因，使档案馆的设置和档案馆的保管范围随之调整，因此产生某档案馆接收其他档案馆档案的情况。

此外，档案馆实际保存成分有时需要调整。例如，某全宗和全宗群的档案分散在不同的档案馆，应该集中到相应的档案馆；有的档案馆藏有属于其他档案馆保存范围的档案，应该向有关档案馆转交。

二、档案接收

1. 现行机关档案的接收

接收现行机关档案室移交的档案是各级档案馆收集工作的任务。

（1）接收期限

国家档案局在《机关档案工作条例》和《档案馆工作通则》对接收期限做了如下规定："省级以上机关应将永久保存的档案在本机关保存二十年左右，省辖市（州、盟）和县级以下机关应将永久、长期保存的档案在本机关保存十年左右。"

在实际工作中，这不是绝对不变的，还必须根据现行机关所处环境和档案保管条件、机关工作性质及其所形成档案的密级、档案馆建设状况和离现行机关的距离及交通条件等因素和具体情况确定。

（2）接收方法

一是逐年接收，即对现行机关的当年已到保管期满的档案进行接收；二是定期接收，即现行机关每隔一定时间将所保管期满的档案向档案馆移交一次。

（3）接收要求

1）进馆档案应保持全宗的完整性，一个机关的全部档案应作为一个整体，统一归入一个档案馆，不能随意分散。

2）规定移交的档案应由有关单位收集齐全，按照规定整理好。

3）与档案有关的资料、立档单位的组织沿革、全宗介绍及其他有关检索工具，随同档案一并接收。案卷目录须按规定格式编制一式数份，其中一份经档案馆签收后交移交单位。

2. 撤销或合并单位档案的接收

机构改革时，机关撤销或合并必须将本机关的全部档案进行认真清理，妥善保管，不得分散，并进行移交和适当的处理。根据《机关档案工作条例》第二十六条规定，主要有下列几个方面要求。

（1）撤销机关的档案，应向有关的档案馆进行移交或由有关主管机关代管。

（2）撤销机关的业务分别划归几个机关的，其档案材料不得随之分散，仍作为原机关档案的一部分，按全宗整体移交有关档案馆，或由其中一个机关完整地代管。

（3）一个机关并入另一个机关或几个机关合并为一个新的机关，其档案材料仍以原全宗为单位向有关档案馆移交，或由合并后的机关代管。

（4）一个机关内一部分业务或者一个部门划给另一个机关接收，其档案材料不得由原全宗中抽走而带入接收机关；如果接收机关需要利用，可以借阅或者复制。

（5）机关撤销或者合并时，如有尚未处理完毕的文件材料，移交应受理这些文件的新机关继续处理，并作为新机关的档案加以保存。

3. 历史档案的收集

历史档案一般包括革命历史档案，以及民国时期档案和历代王朝档案。

历史档案收集的意义在于保护历史文化遗产，为研究历史提供可靠材料，并带有抢救历史文化遗产的性质。

历史档案征集的途径有：一是向有关单位征集代管的中华人民共和国成立以前的档案和材料；二是向兄弟档案馆征集；三是向图书馆、博物馆、纪念馆征集；四是向古旧图书书店、废品收购部门征集；五是向寺庙、古迹保管部门征集；六是向个人征集；七是征集少数民族地区的历史档案。

思考与练习

一、名词解释

1. 档案收集

2. 历史档案

二、简答题

1. 机关档案室的档案收集范围包括哪几个方面?

2. 档案馆档案的主要来源有哪些?

3. 历史档案的收集途径有哪些?

第五章 | 档案整理

学习目标

- 掌握全宗的定义
- 掌握全宗在档案管理中的具体应用
- 能够按照相关规定对档案进行整理

数量众多的档案，如不对其进行科学的整理，查找档案时就如同“大海捞针”。而且不把相关档案联系结合起来，就不能充分体现档案的特点，甚至影响或失去档案的利用价值。

档案整理是按照一定原则对应作为文书档案保存的纸质和电子文件材料进行组件、分类、排列、编号、编目和装盒，使之有序化的过程。档案整理工作的基本任务是建立档案实体的管理秩序，使所保存的档案有序化、条理化，为整个档案工作创建秩序化的管理对象打下基础。

第一节 档案分类

一、全宗的定义

全宗是指档案经过整理之后形成的体系明确的有机整体。全宗是档案的基本分类和管理单位，是一个国家机构、社会组织或个人形成的具有联系的档案整体。

一个独立的社会组织形成的全部档案称为组织全宗，一个著名人物形成的全部档案称为人物全宗。一个全宗是一个不可分散的有机整体，不同全宗不可混淆。

在通常情况下，一个独立从事活动的机关就是一个立档单位，一个立档单位形成的全部档案就构成一个全宗。确认全宗就是要确认立档单位，因此应明确立档单位的构成条件。

资料窗

“全宗”一词的由来

“全宗”一词是由法文“fonds”转译而来的。“fonds”法文原有意思是“基金”“储藏”，在档案管理中一般是指那些具有某种固有联系的群体性档案保管单位。1955年国家档案局在《关于改“芬特”为“全宗”的通知》中，将该词由音译改为意译，“全宗”一词由此而来。

二、全宗的立档单位

立档单位是指构成档案全宗的国家机构、社会组织以及个人，也称全宗构成者。与全宗的类型相对应，立档单位可分为组织立档单位、个人立档单位和项目立档单位。

1. 组织立档单位

作为立档单位的社会组织必须从事独立的社会职能活动，能够独立地在一定社会范围内处理事务、行使职权，并具有行文权。这样才能产生大量文件材料，而一定数量的档案材料是构成全宗的基础和前提。

2. 个人立档单位

个人全宗应包括个人的著作、手稿、日记、信件、遗嘱以及记载和收集的与个人及其家庭、家族活动有关的全部有价值的材料，还包括别人撰写和收集的与个人及其家庭和家族有关的材料，以及直系亲属能说明个人立档单位情况的材料。

3. 项目立档单位

实际工作中，大多数科技档案等专门档案采取以科技项目为单元的成套管理方法，从而进行系统组织和整理。成套性原则的实质与全宗原则是一致的，按这种方式组织起来的档案整体并不违反全宗的概念，这种全宗的构成者称为项目立档单位。

三、判定档案所属全宗

判定档案所属全宗，关键在于确定档案的形成者——立档单位，明确立档单位各种档案的来源。全宗的档案构成，不外乎内部文件、发文和收文三种类型的文件。所以，判定档案所属全宗，主要应从立档单位的内部文件、发文和收文三个方面着手，分别查明它们的形成者。

立档单位的内部文件和发文，它们的作者就是档案的形成者，只要查明了文件的作者，也就确定了它们所属的全宗。

立档单位的收文，它们的实际收受者就是档案的形成者，只要查明了文件的实际收受者，也就确定了它所属的全宗。

判定所属全宗的档案案卷时，因为其卷皮上往往标明了档案所属的立档单位名称，所以只需核实卷内文件是否真正属于卷皮上所标明的立档单位即可。

四、立档单位和全宗历史考证

“立档单位和全宗历史考证”是一种对立档单位及其全宗档案基本情况进行概括性记述说明的文字材料，在档案整理和管理工作中有重要作用，不仅立档单位要用，也是为将来档案移交做好准备。

立档单位和全宗历史考证包括机构变化、领导人员情况、职责范围和主要工作、大事记、组织级别、人员编制、档案数量等基本内容。它能够帮助档案利用者简明扼要地了解本机关组织机构、人员编制、工作历史活动情况或某一事件历史发展的事实，便于研究历史、制订工作计划和总结工作时参考。

立档单位和全宗历史考证的基本内容见表 5–1。

表 5–1　　立档单位和全宗历史考证的基本内容

基本项目	明确内容
机构变换	成立、撤销、名称改变、地址迁移、隶属关系改变的时间和依据
	内设机构的增设、撤销、所属系统单位的划出、划入变化时间和依据
领导人员情况	领导及内设机构领导姓名、职务、任免、调出及调入时间
职责范围和主要工作	特定的职责范围和工作任务及当年的主要工作
大事记	具有历史价值意义的事件（要求实事求是，思想性鲜明，文字简练）
组织级别、人员编制	建制定级、人员编制及不同分类标准人数
档案数量	当年建立档案的情况、数量及各保管期限各有多少卷

五、全宗内档案分类

1. 基本分类法

全宗内档案分类就是把立档单位所形成的档案，按其来源、时间、内容和形式的异同，分成若干层次和类别，构成有机的体系。同一全宗应保持分类方案的一致性和稳定性。

归档文件往往具备多种特征，如形成的时间、来源、涉及事务和保管期限等，选择其中的一个特征作为依据和标准，就是档案分类的基本方法，具体见表 5-2。

表 5-2 档案分类的基本方法

分类方法	基本含义与分类依据	基本要求	操作要点
年度分类法	根据归档文件形成和处理的年度分类	正确地判定文件的日期并归入相应年度是问题的关键 确保不同年度的文件不得混淆	1. 以文件签发日期（即落款日期、成文时间）为标准判定所属年度 2. 跨年度文件以办结年度为准 3. 几份文件作为一件时，判断的标准是：正本时间、正文时间、转发文件时间、复文时间 4. 采用专门年度开展工作的可按专门年度划分，如教学年度（上年九月至次年八月）、农业年度（上年冬季至次年秋季）等 5. 归档文件没有标注日期时，应尽量考证其形成时间；无法考证时，年度为其归档年度，并在附注项加以说明
机构分类法	根据内部组织机构设置情况对归档文件分类	归档文件主要为本单位产生的文件 本单位内部设有组织机构而且数量稳定	1. 机构名称就是分类名，机构的排列顺序一般按照单位的机构编制序列排列即可 2. 原则上以哪个机构名义发文的文件就归入哪个机构的类目中；归档文件为联合行文，则归入主办单位所在的类目中 3. 内设临时机构，应和其他机构一样设类，形成的归档文件归入该类保存
问题分类法	根据归档文件内容所涉及的工作事务与问题分类	类别应反映单位基本职能 类目概念明确，不得交叉	1. 在归档文件数量较少而且其他特征不明确的情况下使用 2. 类目设置能够涵盖本单位所有工作职能和内容
保管期限分类法	根据为归档文件划定的不同保管期限分类	将不同价值的归档文件从实体上区分开来，便于有针对性地管理和保护	1. 制定合理科学的档案保管期限表是采用这种分类方法的重要前提条件 2. 合理划分归档文件的保管期限，一般分为永久、定期两大类，其中定期又可分为不同的年限

1991 年 7 月国家档案局发布《工业企业档案分类试行规则》，该规则适用于全国工业企业档案的分类整理。它是以全部档案为对象，依据企业管理职能，结合档案内容及其形成特点，着眼于档案所涉及的内容（问题），分为十个一级类目：党群工作类、行政管理类、经营管理类、生产技术管理类、产品类、科学技术研究类、基本建设类、设备仪器类、会计档案类、干部职工档案类。这个针对档案内容的分类标准可以作为参考，用于上面所介绍的问题分类法中。

2006 年 12 月国家档案局发布了《机关文件材料归档范围和文书档案保管期限规定》，将保管期限分为永久和定期两大类型，其中定期在具体标注时，一般为三十年和十年。

2. 复式分类法

在实际工作中，当归档文件数量较多时，分类工作需要分层次进行。在基本分类法的基础上，综合运用多种分类标准对档案进行分类，称为复式分类法。在复式分类法中，“年度”“保管期限”是必选项，“机构（问题）”是可选择项。全宗内的归档文件一般采用三级分类法，具体包括以下几种方法。

（1）年度 – 机构 – 保管期限分类法

年度 – 机构 – 保管期限分类法，即先将归档文件按年度分类，然后在每个年度下按机构分类，最后在机构下按保管期限分类。此方法适用于内部机构虽有变化但不复杂的立档单位。采用此方法，在库房管理时，每年形成的档案按机构序列依次排架，不必预先留空，也避免了倒架，库房管理非常方便。同时，可将一个年度同一机构形成的文件，按保管期限不同依次排列在一起，更便于查阅。此方法适用于现行机关文件整理归档，特别是推行部门整理归档的机关。如：

2017 年：办公室……永久、定期
财务处……永久、定期
保卫处……永久、定期
2018 年：办公室……永久、定期
财务处……永久、定期
保卫处……永久、定期
2019 年：办公室……永久、定期
财务处……永久、定期
保卫处……永久、定期

（2）保管期限－年度－机构分类法

保管期限－年度－机构分类法，即先将归档文件按保管期限分类，然后在每个保管期限下按年度分类，最后在年度下按机构分类。此方法同样适用于内部机构虽有变化但不复杂的立档单位。采用此方法，在库房管理时，不同保管期限的档案分别排架，更便于向档案馆移交档案。但每个保管期限应预留空架，以备以后各年档案陆续上架，否则需要每年倒架。此方法适用于现行机关文件整理归档。如：

永久：2017 年……办公室、财务处、保卫处

2018 年……办公室、财务处、保卫处

2019 年……办公室、财务处、保卫处

长期：2017 年……办公室、财务处、保卫处

2018 年……办公室、财务处、保卫处

2019 年……办公室、财务处、保卫处

短期：2017 年……办公室、财务处、保卫处

2018 年……办公室、财务处、保卫处

2019 年……办公室、财务处、保卫处

（3）机构－年度－保管期限分类法

机构－年度－保管期限分类法，即先将归档文件按机构分类，然后在每个机构下按年度分类，最后在年度下按保管期限分类。此方法适用于内部机构基本固定或少有变化的立档单位以及撤销机关的文件整理归档。采用此方法，在库房管理时，排架需要留空，而预留空架的数量不好掌握，有时必须倒架。如：

办公室：2017 年……永久、长期、短期

2018 年……永久、长期、短期

2019 年……永久、长期、短期

财务处：2017 年……永久、长期、短期

2018 年……永久、长期、短期

2019 年……永久、长期、短期

保卫处：2017 年……永久、长期、短期

2018 年……永久、长期、短期

2019 年……永久、长期、短期

（4）年度－问题－保管期限分类法

年度－问题－保管期限分类法，即先将归档文件按年度分类，然后在每个年度下按问题分类，最后在问题下按保管期限分类。此方法多用于内部机构有变化且复

杂，或由于机构之间分工不明确、文书工作不规范等原因难以区分文件所属机构，以及没有内部机构或内部机构非常简单等情况。此方法适用于现行机关文件整理归档。如：

2018 年：党群类……永久、长期、短期
业务类……永久、长期、短期
行政类……永久、长期、短期

（5）保管期限－年度－问题分类法

保管期限－年度－问题分类法，即先将归档文件按保管期限分类，然后在每个保管期限下按年度分类，最后在年度下按问题分类。此方法同样适用于不宜按机构分类的情况，多用于现行机关文件整理归档。如：

永久：2017 年……党群类、业务类、行政类
2018 年……党群类、业务类、行政类
2019 年……党群类、业务类、行政类
长期：2017 年……党群类、业务类、行政类
2018 年……党群类、业务类、行政类
2019 年……党群类、业务类、行政类
短期：2017 年……党群类、业务类、行政类
2018 年……党群类、业务类、行政类
2019 年……党群类、业务类、行政类

第二节　档案排列、编号、编目与装盒

对归档文件进行分类后，档案整理工作进入排列、编号、编目以及档案装盒的阶段。排列是保证归档文件的有序性；编号是使每一件档案都获得一个独立的代码，从而为以后的管理和利用工作提供便利；编目是为所有归档文件编制目录，从而为管理和查找档案提供便利。整理完成的档案文件一般都存放在档案盒中。

一、档案排列

档案排列是指在分类方案的最低一级类目内，根据一定的方法确定归档文件先后次序的过程，其他诸如不同类别归档文件之间的排列、档案盒排架等不在此范围内。

根据“遵循文件的形成规律，保持文件之间的有机联系”这一整理原则，可按公文办理过程的先后顺序，将同一事由形成的文件排列在一起。按事由排列归档文件，可以客观地反映出某一事由的发生、发展、结束的全过程，反映出这些文件之间的内在联系。

归档文件的排列可分为两个步骤：第一，先按事由原则将属于同一事由的文件按一定顺序排列在一起；第二，采用一定的方法对不同事由的文件进行排列。

此处需要特别指出的是，“事由”的界定较为灵活，可以是一件具体的事，一个具体的问题，或一段较紧密的工作过程等。同样，一次活动或一次会议，可以视为一个事由，也可以分为筹备、开幕、闭幕等几个事由。在坚持“事由原则”的前提下，排列方法可以有较大的随意性。当最低一级类目内文件数量较大时，也可以以时间、重要程度、文件的形成者、所反映的问题等因素作为事由间进行系统排列的参考依据。总之，只要是运用一定的方法，使归档文件有规律地排列，有利于档案查找和利用即可。

1. 同一事由归档文件的排列

同一事由归档文件的排列，最简单的方法是按文件形成时间的先后顺序排列，日期在前的文件排列在前，日期在后的文件排列在后；或者按文件的重要程度排列，相对重要的文件排列在前，其他文件排列在后。

2. 不同事由归档文件的排列

（1）按不同事由形成时间的先后顺序排列

此方法要求将不同事由的文件按其办结时间的先后顺序排列，而不必考虑其他因素。

（2）按事由的重要程度排列

此方法要求将主要职能或重要活动形成的文件排列在前，其他工作形成的文件排列在后，或将综合性工作排列在前，具体业务工作排列在后。

（3）按事由具有的共同属性分别集中排列

此方法要求按文件的责任者或承办部门分别集中排列，或按照不同问题分别集中排列。

3. 成套文件排列

所谓的成套文件是由于流程衔接比较紧密，在不同工作环节中产生的文件之间具有密切的天然关系，如果分开就不能客观反映工作的全貌，所以应集中排列。常见的成套文件有会议文件和统计报表等。

二、档案编号

档案编号，就是将每一件归档文件在全宗中的位置标注为一个符合特定规则的代码符号，称为档号，并以归档章的形式在归档文件上注明。归档章设全宗号、归档门类代码·年度、保管期限、件号、页号等必备项，并可设置机构（问题）代码等选择项，如图 5-1 所示。

档号编制应遵循唯一性、合理性、稳定性、扩充性和简单性原则。

图 5-1　归档章样式

■ 全宗号：档案馆给立档单位编制的代号。

■ 归档门类代码·年度：归档文件门类代码由“文书”两位汉语拼音首字母“WS”标识。文件形成年度，用四位阿拉伯数字标注公元纪年，如“2019”。

■ 保管期限：归档文件保管期限的简称或代码。保管期限分为永久、定期三十年、定期十年，分别以代码“Y”“D30”“D10”标识。

■ 件号：文件的排列序号。件号包括室编件号和馆编件号，分别在归档文件整理和档案移交进馆时编制。编制室编件号时，在分类方案的最低一级类目内按文件排列顺序用四位阿拉伯数字标识，不是四位的，前面用“0”补足，如“0026”；馆编件号按进馆要求编制。

■ 机构（问题）代码：作为分类方案类目的机构（问题）名称或规范化简称，采用三位汉语拼音字母或汉字标识，如办公室代码“BGS”。

归档文件必须以已经确定的分类方案和合理的排列顺序为前提编写档号，每件档案只能有唯一的档号。

档号的上、下位代码之间用“-”连接，同一级代码之间用“·”隔开，如“Z109-WS·2018-Y-BGS-0001-45”。档案编号的作用主要体现在以下几个方面：第一，编号能够固定分类方案，尤其是最低层次中文件的顺序；第二，编号能够使归档文件之间的逻辑关系更加紧密；第三，编号为统计、查找、利用和保管档案提供了线索和便利，这也是编号最重要的作用。

编号需要统一填写在每件归档文件首页的归档章的特定区域内，如图 5-2 所示。

Z109	WS・2018	1
BGS	Y	45

归档章示例一

Z109	WS・2018	1
办公室	永久	45

归档章示例二

图 5-2 归档章示例

三、档案编目

档案编目是对归档文件进行著录、标引和组织、制作目录的工作，是档案管理中的一项重要内容。首先是在档案整理过程中进行初步编目，包括案卷封面编目（拟订案卷标题、确定和填写卷内文件起止日期等）、编制案卷目录和卷内文件目录，以固定整理工作的成果，为档案保管提供方便，其成果也是检索档案的基本工具；其次是在初步编目的基础上编制全宗目录、案卷（文件）分类目录、主题目录、专题目录和档案馆指南等，以提供各类档案检索工具和报道目录，为查阅档案者服务。

归档文件目录设置序号、档号、文号、责任者、题名、日期、密级、页数和备注等项目。

表 5-3 为归档文件目录格式。

表 5-3　　归档文件目录格式

序号	档号	文号	责任者	题名	日期	密级	页数	备注

■ 序号：填写归档文件序号。

■ 档号：全宗号－档案门类代码・年度－保管期限－机构（问题）代码－件号。

■ 文号：文件的发文字号。文件没有文号的，不用标识。

■ 责任者：制发文件的组织或个人，即文件的发文机关或署名者。

■ 题名：文件标题。没有标题及标题不规范的，或者标题不能反映文件主要内容、不方便检索的，应全部或部分自拟标题，自拟内容外加“[ ]”。

■ 日期：文件的形成时间，以国际日期表示法标注年月日，如“20191208”。

■ 密级：文件密级按文件实际标注情况填写，没有的不用标识。

■ 页数：每一件归档文件的页面总数（文件中有图文的一个页面为一页）。

■ 备注：注释文件需说明的情况。

在编目过程中需要注意：归档文件目录推荐由系统生成或使用电子表格进行编制，除保存电子文档外还要打印装订成册；归档文件目录用纸幅面尺寸采用国际标准 A4 型，页面宜横向设置；应为装订成册的编制封面。

归档文件目录封面可以视需要设置全宗号、全宗名称、年度、保管期限、机构（问题）等项目，如图 5–3 所示。其中全宗名称即立档单位的名称，填写时应使用全称或规范化简称。

归　档　文　件　目　录

全 宗 号____________________

全宗名称____________________

年　　度____________________

保管期限____________________

* 机构（问题）_______________

图 5–3　归档文件目录封面样式

四、档案装盒

档案装盒就是将整理好的归档文件装入档案盒中，主要包括两个方面的工作内容：一是装入归档文件、归档文件目录和备考表，二是填写档案盒封面、脊背和盒底。

1. 装入归档文件、归档文件目录和备考表

根据分类方法，选择最低的同一类目下的文件材料装入一个档案盒中。归档文件的页数应与档案盒厚度相当，防止出现文件过厚或过薄的现象。选择文件时，同一保管期限的文件材料按室编件号顺序依次装入档案盒，不得将不同年度、不同保管期限的档案装入同一盒内，每盒装满后再换下一盒。装盒操作时需要将文件在桌面上整理整齐，装入时不要出现折痕。

归档文件目录应排列在盒内所有归档文件之前，以便于查找盒内文件。备考表应置于所有归档文件之后。

2. 填写备考表

备考表是在档案盒内存放的一份独立文件，用以说明盒内文件的状况，如文件缺损、修改、移出、补充、销毁以及其他需要说明的信息。备考表的样式如图 5–4 所

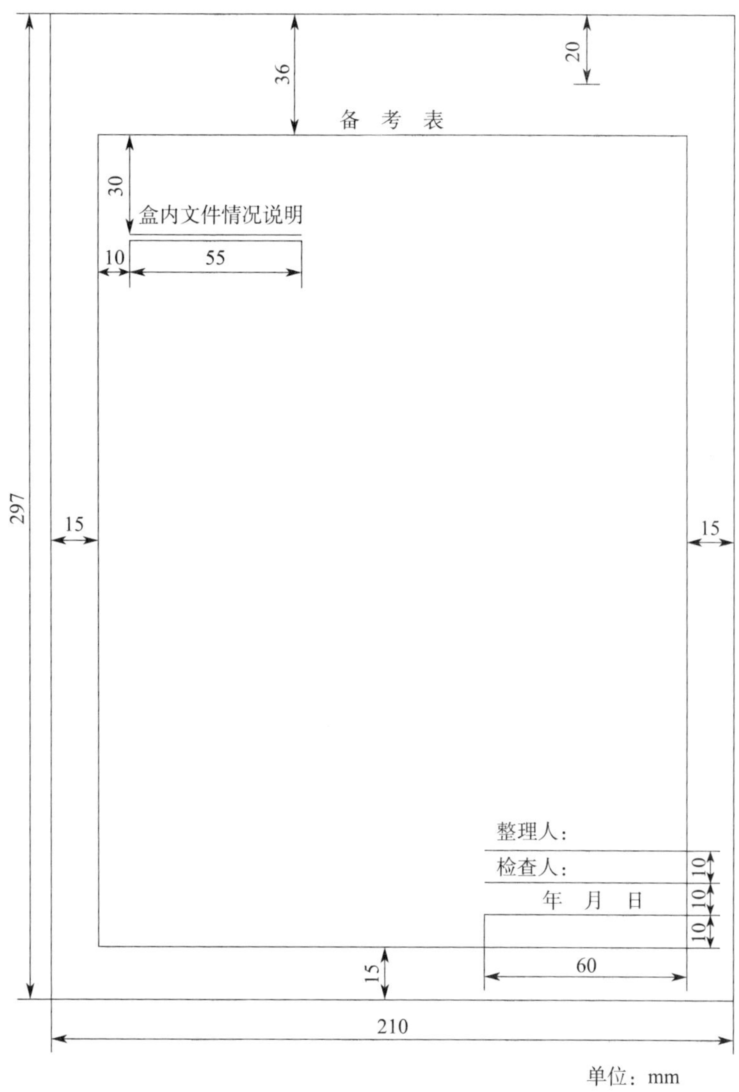

图 5-4 备考表样式

示，包含的基本项目有盒内文件情况说明、整理人及整理日期、检查人及检查日期等。

3. 填写档案盒封面、脊背和盒底

档案盒封面的样式如图 5-5 所示，其填写比较简单，主要在封面所示横线上方填写全宗名称即可。

档案盒背脊主要由全宗号、年度、保管期限、起止件号、盒号等必备项目构成（见图 5-6），填写的内容和归档文件目录相同，此处不再赘述。需要注意的是，起止件号应填写盒内第一件文件和最后一件文件的件号，中间用“–”号连接；盒号即档案盒的排列序号，在档案移交进馆时按进馆要求编制，可暂时不填。档案盒盒底的样式（见图 5-7）和填写方法与背脊相同。

填写档案盒背脊和盒底应使用碳素墨水，不可使用圆珠笔、铅笔等书写工具。

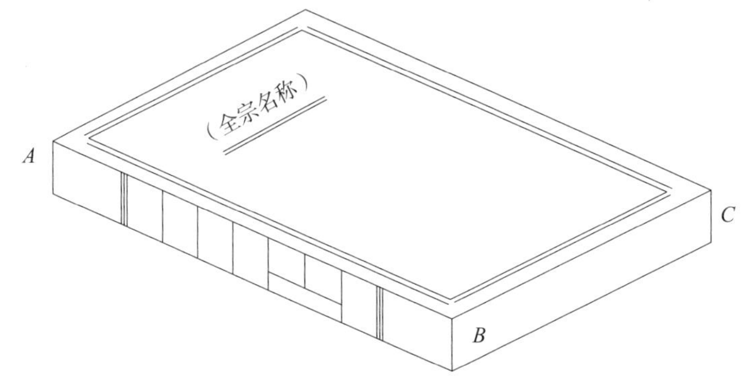

图 5-5　档案盒封面样式

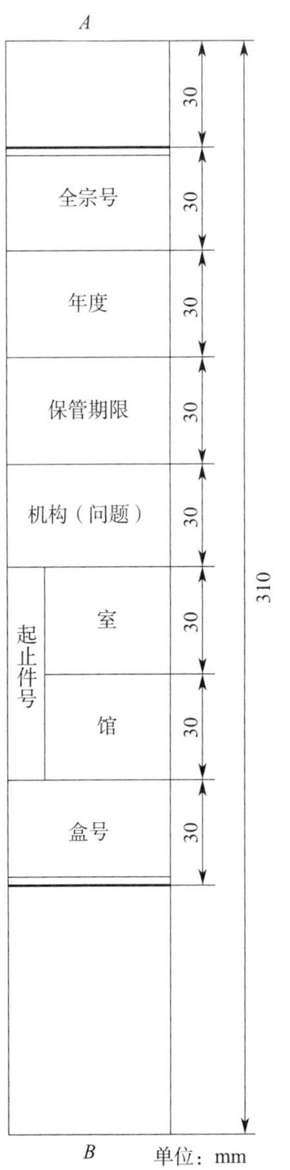

图 5-6　档案盒背脊样式

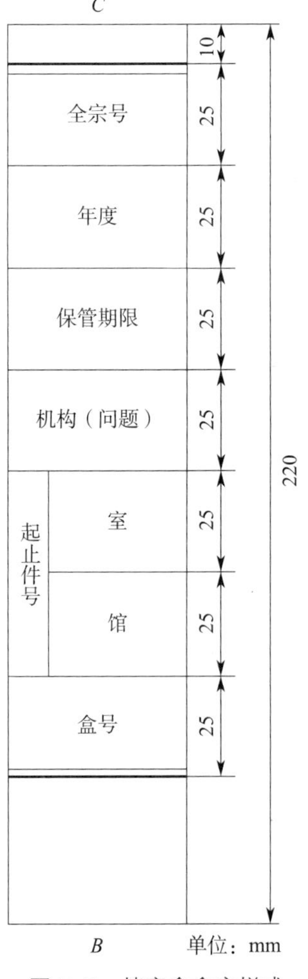

图 5-7　档案盒盒底样式

思考与练习

一、名词解释

1. 全宗

2. 档案编号

二、简答题

1. 简述档案整理的主要内容。

2. 简述全宗内档案分类的基本方法。

3. 简述档案装盒的步骤和方法。

part

06

第六章 | 档案鉴定

学习目标

- 掌握档案鉴定的基本内容
- 了解档案鉴定的主要原则，掌握档案鉴定的分析方法
- 能够正确地划定档案鉴定保管期限
- 明确档案销毁的相关要求

对已达到保管期限的档案进行明确的鉴定是档案工作人员的重要职责。档案工作人员要充分了解档案鉴定的内涵，掌握档案鉴定的原则和方法，能够正确划分档案的保管期限并重新标注，以及对确无保存价值的档案及时进行销毁。

第一节 档案鉴定概述

一、档案鉴定的基本内容

档案鉴定一般是指对档案真伪和档案价值的判定，而经常性的业务工作则多是后者。鉴定是对档案可能被使用程度的一种估计和展望，直接决定着档案的存毁，是档案管理中最重要也是难度最大的工作。

档案鉴定工作的基本内容主要包括四个方面：一是制定鉴定档案价值的有关标准，包括单行规定和档案保管期限表等；二是具体判定档案材料的价值，确定其保管期限；三是筛选出无保存价值和保管期满的档案，按规定进行销毁或做相应处理；四是围绕上述工作而开展的一系列鉴定组织工作。

总之，档案鉴定主要是确定哪些档案需要保存和保存的时间，无须保存的档案即可销毁。

二、档案鉴定的决定因素

档案鉴定主要鉴定档案的保存价值，其决定因素主要有两个。一是档案自身的特点和状况是决定档案保存价值的基础。档案自身的内容、来源、形式、时间、名称、可靠程度、有效性、外形特点和完整程度等，影响着档案是否具有保存价值以及具有什么样的保存价值。二是社会的利用需要是决定档案保存价值的社会因素。社会如果没有利用档案的需要，档案也就失去了它的保存价值，没有继续保存的必要。

在实际工作中，以上两个因素是相互作用、辩证统一的，不能片面强调某一方面。

三、档案鉴定的主要原则

档案鉴定必须从党和国家的整体利益出发，用全面的、历史的、发展的、效益的观点判定档案的价值。

1. 全面的观点

全面的观点主要包括三个方面的含义：一是把档案自身的特点和社会的利用需要结合起来，全面评价档案的价值，不能片面地只考虑其中的某一个方面；二是全面分析相关文件和文件的各种联系因素；三是全面地预测社会对档案利用的需要。

2. 历史的观点

历史的观点是指鉴定档案价值时特别需要把握档案是历史记录这一本质。档案的形成总是同一定的历史条件相联系，当时是怎样进行活动的，档案就怎样记录。鉴定档案要尊重历史，运用历史唯物主义的观点和方法，科学地鉴定档案价值。

3. 发展的观点

保管档案是一项维护历史的行为，同时也是一项面向未来的工作。判定档案的价值和作用，要具备发展的眼光，既要看到当前的作用，也要看到将来的需要。

4. 效益的观点

效益的观点是指档案价值鉴定必须充分考虑档案管理的成本、投入与档案效益之间的合理关系。在鉴定档案时，必须认真地衡量投入与效益之间的关系，争取使有限的档案资源发挥最大的作用。

四、档案鉴定的分析方法

档案的价值是客观存在的，而鉴定工作则是人们对档案价值的认识和评价，带有很强的主观性。为了使这种主观认识最大限度地符合实际，保证鉴定工作的质量，必须使用科学的档案鉴定方法和标准，以提高档案鉴定结果的客观性、可靠性和准确性。

1. 分析档案的来源

档案的来源是指档案的形成者。档案形成者在社会上以及组织内的地位、作用和职能可以影响甚至决定档案的价值。

一般来说，各机关应该主要保存本机关制成的文件，对于外来文件，则应该在分析来文机关与本机关的关系，以及来文内容与本机关职能活动的关系后再做评价。通常情况下，有隶属关系机关的来文比非隶属机关的来文更值得重视，针对本机关主管业务的、需要贯彻执行的文件比非本机关主管业务、参考性文件价值要高。

在本机关制成的文件中，具体的撰写者、制发机构也对档案价值产生影响。机关领导、决策机构、综合性办公机构、主要业务职能机构、人事机构和外事机构制发的文件，大多比较直接地反映本机关主要职能活动和基本情况，因此具有长久保存价值的文件比例较高；而一般行政事务机构、后勤机构及某些辅助性机构则主要形成事务性文件，因此具有长久保存价值的文件比例较低。

2. 分析档案的内容

档案内容是决定档案价值最重要、最本质的因素。对档案内容的分析主要可着眼于以下三个方面。

（1）档案内容的重要性

一般来说，反映方针政策、重大事件、主要业务活动的比反映一般性事务活动的重要；反映全局问题的比反映局部问题的重要；反映本机关主要职能活动、中心工作和基本情况的比反映非主要职能活动、日常工作和一般情况的重要；反映典型性问题的比反映一般性问题的重要。总之，在工作和生产中涉及维护国家、集体和个人利益以及科学研究、总结经验等方面具有证据性、查考性作用的档案都具有较高的价值。

（2）档案内容的独特性

档案是形成者特定活动的原始记录，因孤本而珍贵。其内容的“独一无二性”等特点，是决定档案特有价值的重要因素。在鉴定档案的价值时，对被鉴定档案所具有的某种特色应给予重视。

（3）档案内容的时效性

归档文件的时效性直接影响档案的价值。例如，方针政策性、法规性、综合计划性文件在失去现行效用后，其价值将由行政价值转变为科学价值，而契约、合同和协议等法权方面的文件通常在有效期及法律规定的起诉时效期内十分重要，此后便降低直至失去保存价值。因此，在鉴定档案时要具体分析每份文件的时效性对其价值的影响。

除上述三个方面外，对档案内容的真实性、完备性等也要加以考察，以便准确把握档案内容的价值。

3. 分析档案的形式特征

档案的形式特征是指文件的名称、形成时间、稿本、外部形式特点和有效性等。在某种情况下，这些形式特征也可能对档案的价值发生影响。

（1）文件的名称

不同的文件名称具有特定的性质和用途，因此可以在一定程度上反映出文件的价值。一般来说，决定、决议、命令、指示、条例、纪要和报告等往往用于反映方针政策、重大事件和主要业务活动，具有权威性和重要性，价值较高；而通知、简报和来往函件等往往用于处理一般事务，价值较低。但要注意，不能机械地使用文件名称作为档案价值判定的主要依据，还需结合文件内容加以评价。

（2）文件的形成时间

文件的形成时间是历史的标志，产生时间越早，越要注意保存。在这一条件下，有些本来内容不是很重要的档案也就具有了特殊意义，一些本来就很重要的档案则更应引起重视。

（3）文件的稿本

同一文件在撰稿、印制过程中可以形成各种稿本，如草稿、草案、定稿、正本、复制本等。不同稿本的文件，在行政效能、凭证作用等方面是有区别的，因此价值也不相同。正本具有标准格式，有机关印章或领导签字，是机关进行工作的依据，具有法定的效力和凭证作用，可靠性强，其价值较高。草稿、草案的可靠性相对差一些，其价值较低。但某些重要的法律文件、著作等的草稿、草案可以反映文件的形成过程，也具有较高的保存价值。

（4）文件的外部形式特点

文件的外部形式特点也影响文件的价值。例如，一些文件上有党和国家领导人、社会活动家、作家、科学家的重要批注，或有反映特定历史条件的标志、图案等，这些本就具有较高的研究价值。

（5）文件的有效性

档案中的一些文件，如条约、合同、协定、协议书、契约和借据等，只有在一定时间内和条件下才具有法律和行政上的效力。一般来说，文件在有效期内价值较高，有效期满价值就会降低，甚至丧失保存价值。但要注意，一些契约类文件在有效期过后还具有历史研究价值。

第二节　档案鉴定保管期限表

随着时间的推移以及各项工作的开展，各机关的档案数量都在不断增长，如果“玉石不分”地全部保存，势必影响对有价值档案的管理和利用。档案鉴定就是解决庞杂与精练的矛盾，是对档案去粗取精的工作。档案鉴定必须以档案保管期限表为依据。

一、档案保管期限表的概念及作用

档案保管期限表就是用表册形式列举档案的来源、内容和形式，并指明其保管期限的一种指导性、标准性文件，它是鉴定档案保存价值和确定档案保管期限的依据和标准。

对档案进行价值鉴定不可避免地受到档案工作人员的主观影响，而档案保管期限表能够在一定程度上避免个人知识、能力等方面的局限性和片面性，提高鉴定工作的效率和准确性，防止错误地销毁档案。同时，档案保管期限表也能够帮助档案工作人员开展对归档文件的复审工作。

此外，对于文秘人员而言，档案保管期限表可以为收集、整理文书材料提供基本的依据，便于在日常文书工作中保存有价值的档案。

二、档案保管期限表的类型

1. 通用档案保管期限表

通用档案保管期限表是由国家档案行政管理机关编制的，供各机关、团体、企业、事业单位鉴定档案时普遍使用的档案保管期限表，也称标准档案保管期限表。其特点是概括程度高，覆盖面广，一般可作为制定其他各类档案保管期限表的依据和标准。例如，2006 年 12 月国家档案局颁发的《文书档案保管期限表》就属于这种类型。

2. 专门档案保管期限表

专门档案保管期限表由国家档案行政管理机关会同有关主管部门编制，是各机关、团体、企业、事业单位鉴定专门档案时使用的依据和标准。例如，2015 年由财政部和国家档案局修订，自 2016 年起施行的《会计档案管理办法》中的保管期限表就是企业、其他组织会计档案保管的统一标准，其明确了财政总预算、行政单位、事业单位和税收会计档案的保管期限。

3. 同系统机关档案保管期限表

同系统机关档案保管期限表是由主管机关编制的，供同一系统内各机关、单位鉴定档案时使用的档案保管期限表。这种档案保管期限表须经本系统主管机关领导批准后执行，并报送国家档案局备案，此外还要抄送各省（自治区、直辖市）档案局。

4. 同类型机关档案保管期限表

同类型机关档案保管期限表由档案事业管理机关或主管机关编制，是同一类型单位（如学校、医院、工厂等）鉴定档案时通用的依据和标准。例如，《××市高等学校文书档案保管期限表》和《××市县级机关文书档案保管期限表》均属于这种类型。

5. 机关档案保管期限表

机关档案保管期限表是由各机关编制的，供本机关鉴定档案时使用的档案保管期限表。例如，《××厂档案保管期限表》就属于这种类型。为了使用方便，机关档案保管期限表可以与归档用的归档类别结合使用。

通用档案保管期限表对其他几种保管期限表具有指导意义，机关档案保管期限表必须以通用的和上级机关颁发的各种档案保管期限表为依据。其他各种类型的档案保管期限表不能缩短通用档案保管期限表所规定的保管期限，但可延长保管期限。

三、档案保管期限表的结构

档案保管期限表通常由顺序号、条款、保管期限、附注以及说明等部分组成，其中，条款和保管期限是最基本的项目。

1. 顺序号

顺序号是按照条款的系统排列顺序统一编制的序号，它起着固定条款的排列位置和顺序的作用，也可作为鉴定时引用条款的代号。

2. 条款

条款是一组类型相同的文件的名称和标题。每一个条款应代表一组有内在联系的价值相同的文件。有时，为了使条款简洁醒目，也可以将价值不同而有联系的一组文件写成一个条款，在条款下面分别标识其不同的保管期限。条款的拟制范围一般不宜过多过细，应具有一定的概括性，但范围也不能过宽。条款较多的保管期限表还须把条款加以分类。

3. 保管期限

保管期限的计算，通常是从文件产生或形成后的第二年算起，有些特殊文件和专门文件可以从其失效、结案后算起。所有确定为定期保存的档案到保管期满后还须复查，如发现有继续需要保存的文件，仍应进行保存，或延长保管期限，或转为永久保存。具体的保管期限种类的划分原则如下。

反映本机关主要职能活动和基本历史面貌，在本机关工作和国家经济建设、文化建设、政治斗争、科学研究中需要长期利用的档案，应列为永久保存范围。永久保存的文件包括两部分：一部分是本机关工作中制成的重要文件，如指示、命令、决议、决定，各种会议的重要文件，工作计划和总结，重要的请示和报告，以及有关机构演变、人事任免的文件材料；另一部分是上级机关颁发的和下级机关报送的比较重要的文件材料，反映本机关一般工作活动，在一定时间内本机关需要查考的档案，包括本机关一般事务的文件材料、上级机关和同级机关颁发的属于本机关主管业务并要贯彻执行的文件材料，但下级机关报送的一般工作总结、报告和统计表等文件材料应列为定期保存。

4. 附注

附注是在条款之后对条款及其保管期限所做的必要的注解或说明。例如，对条款中“重要的”和“一般的”可以注解为：“重要的是指方针政策性或重大问题的、具有科学历史价值的文件材料”“一般的是指一般业务性和事务性工作、科学研究价值或历史价值不大的文件材料”。再如，一些合同、协议书、借据的保管期限，往往需要从有效期满后算起，可在保管期限后注明“失效后”的字样。

5. 说明

说明是对保管期限表所做的总体说明，一般包括保管期限表的编制依据、适用范围、结构、保管期限的计算方法以及其他需要说明的事项。说明一般应放在档案保管期限表的前部。

以上只是档案保管期限表的一般结构，在实际工作中，可以根据各种档案保管期限表的特点增加或减少某些项目。

第三节　档案销毁

档案销毁是将失去保存价值的档案以特定的处理方式做毁灭性处置的过程，使其所携带的信息无法被还原。在档案管理工作中，销毁档案是一项重要的工作职责。

一、档案销毁的作用

在档案管理工作中，经常存在“重保管、轻销毁”的现象。究其原因是档案工作人员对销毁工作的意义认识不足，同时担心因出现误销而承担责任。对无效档案及时实施销毁，是档案管理的工作职责，其具体作用包括以下三个方面。

1. 节约档案馆（室）存储空间

档案馆（室）的库存容量总是有一定限度的，随着时间的推移，入库档案数量逐渐增加，如果陈旧档案占据库容过多，就无法继续接收新的档案。因此，销毁失去价值的档案能够节约库容，更好地发挥档案馆（室）的作用，同时也能节约档案工作的经费支出。

2. 保护涉密信息

某些需要销毁的档案尽管失去了保存价值，但是因其内容涉及机密信息，不宜对外公开。这类档案由于过了保管期限，管理上容易出现漏洞，如果长期存在就会增加泄密概率，因此及时予以销毁能够最大限度地保护涉密信息。

3. 提高馆（室）藏档案质量和档案工作效率

将无价值的档案销毁后，馆（室）藏档案的结构和内容会得到进一步优化，从而提高档案的整体质量。同时会减轻档案工作人员的工作负担，使其能够将更多精力投入到更有意义的档案管理之中，提高了他们的工作效率。

认识到及时销毁档案的重要作用，在工作中只要执行严格的工作方法和审批程序，就能够杜绝误销现象，为整个馆（室）藏档案的优化和工作效率的提高创造条件。

二、档案销毁的基本要求

由于档案销毁后无法恢复，因此在进行此项工作时务必谨慎。销毁档案是一项原则性非常强的工作，为了防止出现差错，必须遵守一定的原则与要求。

1. 严谨慎重

在筛选需要销毁的档案时，务必严谨慎重，防止出现误销。档案鉴定销毁是指对保管期限已满的档案的保存价值进行审查，对仍具有保存价值的档案重新划定保管期限，对已失去保存价值的档案剔除并销毁。档案鉴定一般每年进行一次，最长不得超过三年。以案卷或件为单位，按就高不就低的原则，用直接鉴定法逐卷、逐件、逐页地进行审阅。

资料窗

险被销毁的陈景润手稿

1997 年 4 月，中国科学院档案管理员李春英在待销毁的文书资料里发现了一沓发黄的稿纸，稿纸上方写着“表大偶数为一个素数及不超过两个素数的乘积之和”，下方写着“中国科学院数学研究所陈景润”。经核实，这就是陈景润“1+2”手稿。由于李春英同志的细心，一份珍贵的档案得到了保全。

2. 严格履行审批程序

由单位的主管领导、专业技术人员和档案工作人员组成档案鉴定工作领导小组，负责档案的定期审查和鉴定。凡存毁界限难以确定的，经本单位领导审定后，报同级档案局审批。未经鉴定和批准，任何单位或个人严禁擅自销毁档案，违者将按相关规定给予处罚。

3. 监督销毁过程

销毁纸质档案时，应送至指定造纸厂化为纸浆，严禁出售或留作他用。特殊情况下（如距离指定的造纸厂较远或被销毁档案密级较高）可以在同级档案局指定的地点焚毁。

无论采用什么方法销毁，均应指派两名以上人员专门监销。档案销毁一般由档案部门会同保卫、保密部门进行，并由专人实施销毁、专人监销。销毁完毕后（注意：是销毁的全过程完毕后），销毁人和监销人都要在销毁清册上签名盖章，并注明“已销毁”字样和销毁日期、地点。

4. 进行必要登记

在销毁档案前，必须编制销毁清册，提供给单位领导审查、批准。它是日后查考档案销毁情况的凭据。档案销毁清册封面应注明全宗号、全宗名称和立档单位名称、编制名称、编制档案销毁清册单位名称、编制时间等。

档案销毁清册一般以全宗为单位来编制，每一本清册至少一式两份，一份留档案馆（室），另一份送有关领导审查、批准。如果需要报档案行政管理机关备案，则需要一式三份。档案销毁清册见表 6–1。

表 6–1　　档案销毁清册

序号	案卷或文件题名	起止日期	案卷号或文号	数量	规定保管年限	已保管年限	备考

批准人：　　销毁人：　　监销人：　　销毁日期：　年　月　日

如有个别档案未被批准销毁，可在“销毁清册”上做出适当的说明。对于已销毁的档案，要在档案登记簿、有关检索工具上注明“已销毁”字样。

三、销毁档案的方法

销毁档案的常用方法见表 6–2。

表 6-2　销毁档案的常用方法

名称	做法	适用载体类型	优点	缺点	备注
粉碎法	将物理载体切割成为条状、块状碎片	纸张、光盘、软盘	操作简便，销毁程度可以调节	存在被复原的可能性	主要在销毁档案数量较少时采用
化浆法	将纸张送到指定造纸厂化为纸浆	纸张	销毁程度较高，无法还原	操作复杂，在运输档案材料过程中丢失概率增加	销毁大量纸质档案时采用
焚化法	用火烧将载体化为灰烬	纸张	销毁程度较高，无法还原	污染环境，有火灾隐患	极少采用
消磁法	外加强磁场消除载体磁信号	软盘、硬盘、磁带	清洁卫生，适用于各类磁盘	需使用专业设备，存在销毁不彻底的情况	较少采用
格式化法	对磁盘进行低级格式化处理，消除原有存储信息	软盘、硬盘、优盘	借助计算机操作，销毁比较彻底	需使用专业设备和技术，对非专业人员而言难度较大	较少采用

思考与练习

一、名词解释

1. 档案鉴定
2. 档案保管期限表

二、简答题

1. 简述档案鉴定工作的基本原则。
2. 鉴定档案价值主要包括哪几种方法?
3. 简述档案销毁的几种常用方法。

part

07

第七章 档案保管与保护

学习目标

- 了解档案保管的基本工作条件
- 掌握档案库房管理的基本方法
- 了解档案损坏的基本原因
- 掌握档案防护和修复的基本技术

档案保管是指对已经整理好并存入库房的档案，根据其内容、形式和材质所采取的科学存放和安全防护措施，是维护档案完整与安全的工作。档案保护则是研究档案制成材料损坏规律及科学保护档案的技术方法，避免或减缓各种不利因素对档案制成材料的破坏，抢救、修复受损档案，延长档案寿命的活动。

第一节 档案保管

档案保管是档案工作的重要组成部分，是一个独立的工作环节。档案保管工作质量的高低，对提高档案管理水平有重大的影响。一般来说，档案保管主要包括以下三个方面的工作。

一、档案库房基础设施设备建设

1. 档案库房及设备

档案库房必须坚固，应是正规建筑物，且不宜为全木质结构房屋；档案库房应远离火源、水源和污染源并符合防火、防水、防潮、防光、防紫外线照射、防尘、防污染、防有害生物和防盗等防护要求；地下室一般不能作为档案库房使用，机关、企业、事业单位内部的档案室在楼层安排上尽可能不位于底层和最高层；档案库房门窗应具有较好的封闭性。档案库房内部如图 7–1 所示。

图 7–1　档案库房内部

档案库房设备一般包括温度和湿度控制设备、空气净化消毒设备、防盗设备、出入门禁设备、照明设备、视频监控设备等。这些设备能够保证档案库房的安全性、库房内部温度的恒定以及良好的室内空气质量，有效地保证档案的安全与使用寿命。近年来，随着科技的进步，尤其是物联网技术的发展，智能化档案库房已成为趋势，管理者通过一体化智能管理系统就可以对档案库房内的所有设备进行管理。

2. 档案装具

档案装具是指档案馆（室）必备的放置档案实体的设备器具，主要包括档案箱、档案柜和档案架。

（1）档案箱

档案箱一般叠放使用，便于挪动和防尘，但缺点是造价高，占用空间较多。档案箱如图 7–2 所示。

图 7–2 档案箱

（2）档案柜

档案柜是比较传统的档案装具，使用灵活，便于挪动，有利于防火、防光、防尘、防虫、防鼠，对危害档案的因素有一定的延缓和阻挡作用。档案柜如图 7–3 所示。

（3）档案架

档案架可分为开放式档案架和活动式密集档案架两种。

1）开放式档案架。开放式档案架结构简单，价格低廉，空间利用率高，但对于防止和延缓各种有害因素对档案的损坏来说，不如档案箱和档案柜，所以开放式档案架适用于能够大范围控制温湿度的档案库房。一般情况下，档案数量多、保护条件较好的库房可使用开放式档案架。开放式档案架如图 7–4 所示。

图 7–3 档案柜

图 7–4 开放式档案架

2）活动式密集档案架。活动式密集档案架可提高档案库房使用率，使库房单位面积档案的储存量增加 1.5～2 倍，并且有利于防火、防光、防尘。缺点是造价较高，调阅档案不及开放式档案架方便，且对库房承重能力有一定的要求。活动式密集档案架如图 7–5 所示。

图 7-5　活动式密集档案架

档案装具要根据本单位档案库房的条件和所存放档案的规格及特点，满足经济美观的要求，合理选用，灵活配置。

3. 档案包装材料

包装后的档案可以防止光线、灰尘及有害气体的危害，减少档案载体的机械磨损。档案包装的主要材料包括档案卷皮、档案盒及包装纸等。

（1）档案卷皮

档案卷皮是封面与封底连为一体的半封闭式卷夹，它不仅可以保护文件，同时本身也是案卷的封面，便于查找利用。档案卷皮可分为软卷皮和硬卷皮两种。

（2）档案盒

档案盒（卷盒）是全封闭式的盒子，有利于防光、防尘、减少机械磨损，是一种保管案卷的较好的包装材料。档案盒如图 7-6 所示。

图 7-6　档案盒

（3）包装纸

一些既不适于装订，也不便于装盒的档案，可以用比较结实的纸张包装存放。

二、档案库房管理规定和制度

1. 人员出入库管理规定

库房管理人员既是档案库房管理的主体，也是档案库房管理的对象。一般情况下，档案库房只允许库房管理人员进入，非库房管理人员原则上不允许进入。因工作需要进入库房时，如领导调研、来宾参观、维修人员维护库房及设备等，则应对进入库房的人员、时间、目的进行登记，并由库房管理人员陪同进入。

库房管理人员非工作时间一般不准进入库房。

2. 档案出入库管理规定

档案，特别是科技档案，经常处于流动和变化的状态，因此档案管理部门应加强对库存档案变化情况的管理，建立档案收进、移出登记和档案代理卡，确保管理规范、账物符合。

档案馆（室）所藏档案材料实体与档案材料的目录要相吻合，档案的收进、移出、保存、销毁、展出等都必须履行严格的手续，随时掌握档案的库存量、借出量、阅览量、移出量和销毁量，确保档案不丢失。

3. 用电安全及防火制度

电力、电器设备的安装或使用不当，是档案库房的主要安全隐患之一。档案库房的电器设备应定期检查、保养，发现隐患及时排除。严禁相关人员擅自改接电线、电源。严禁在档案库房中使用明火，严禁使用电热器等设备，严禁在库房吸烟。档案库房中的温度和湿度控制设备、空气净化消毒设备、防盗设备等设备要由专人管理。档案库房应配备足够的灭火工具，并安放在便于取用的地方，消防通道严禁堆放杂物，库房管理人员应学习基本的消防知识并掌握灭火技能。

4. 安全检查制度

建立安全检查制度，加强对档案的安全检查，是库房管理的一项重要工作，是维护档案安全与完整的一项重要措施。

安全检查制度应包括以下内容：档案保管情况、库房管理情况、保密工作情况，如档案库房中的各种安全隐患，档案文件有无机械磨损、人为撕毁、自然老化、字迹褪色、洇水、渍化、受潮黏结、虫蛀鼠咬、霉变等损坏情况和档案的收进、移出数量与档案登记簿中的数量是否符合等。

三、档案实体管理措施

1. 档案装具的摆放和编号

档案库房中的档案架（柜、箱）等装具应排列有序，统一编号。

不同规格、不同样式的档案架（柜、箱）应该分开排列，尽量做到整齐一致。档案架（柜、箱）的排列应注意充分利用空间，同时也要便于档案的搬运和取放。装具不能紧贴墙壁摆放，一般与墙壁之间的距离不小于 10 cm；每一列装具应排列整齐，列与列之间的距离不小于 60 cm，每一列的走向应与窗户所在的墙壁垂直。

档案装具编号一般以房间为单位进行，每一个房间内的装具按从左至右、自上而下依次编列（排）号、柜架号、层格号（箱号），其号码一般采用阿拉伯数字。

2. 档案排列及存放的方法

（1）档案排列方法

档案一般按全宗进行排列，排列方法有两种：一是按全宗顺序号排列，对全宗和全宗实体的安排较为方便；二是按全宗分类排列法排列，这样对全宗的系统管理和全宗信息的控制较为有利。

特殊载体档案，可以根据载体材料的不同，将纸质档案和其他特殊载体的档案（如照片、磁盘、光盘等）分库存放、排列或排架。但应在全宗指南、案卷目录说明中有所交代，并在全宗末尾放置参见卡片，指明存放地点，以保持应有的联系。

在同一载体内，通常按全宗排架，即一个全宗内的档案集中在一起存放、排列，按档号顺序排放。

（2）档案存放方式

档案在装具中的存放方式主要有竖放式和平放式两种，具体对比见表 7–1。

表 7–1　　　　档案在装具中的存放方式

类型	优点	缺点	备注
竖放式	档案盒的脊背向外，可以直接看到脊背上的档号，便于查找、整理、归档	盒中档案材料较少时容易造成纸张卷曲	适用于大多数档案材料的存放
平放式	有利于保护档案，便于提高空间利用率	抽出和插入档案不方便；需在每一摞档案中放置卡片标明其起止编号	多用于保管珍贵档案；纸张柔软、幅面过大、不宜竖放的档案也应平放。采用该方式时应适当控制叠放高度

3. 档案存放位置索引和档案代理卡的编制

（1）档案存放位置索引

档案存放位置索引是一种记录性、引导性的管理工具，它以表册或卡片形式将档案在库房及装具中的存放秩序情况如实记录和反映出来，便于档案工作人员掌握档案存放位置并迅速取放档案。

存放位置索引一般以全宗为单位（见表 7–2）或以库房及装具为单位（见表 7–3）编制。

表 7–2　以全宗为单位编制的档案存放位置索引

全宗名称			全宗号		
案卷目录号	案卷目录名称	目录中案卷起止卷号	存放位置		
			房号	架（柜、箱）号	层（格）号

表 7–3　以库房及装具为单位编制的档案存放位置索引

房间号		档案架（柜、箱）号		
存放档案				
全宗号	全宗名称		目录号	案卷起止号

（2）档案代理卡

档案代理卡又称代卷卡，凡是从库房中调出一个案卷或一组卷号相连的案卷，需随即填写一张代理卡，放在所调出档案的位置上，待还卷时将其取出，这样可以有效防止误放现象发生。用过的代理卡，还可作为登记、统计、分析档案利用等情况的素材。档案代理卡见表 7–4。

表 7–4　档案代理卡

全宗号	目录号	卷号	调出时间	调出原因	调卷人	归还时间	还卷人

4. 全宗卷及其管理

全宗卷是记录和说明全宗立档单位及档案历史和现状有关文件材料组成的专门案卷，是管理全宗档案的重要工具。

（1）全宗卷的内容构成

全宗卷内容主要包括：全宗指南（全宗介绍）、大事记等说明全宗背景的全宗（馆藏）介绍类和档案状况的文件材料；在收集、整理、鉴定、保管、统计和利用工作中形成的文件材料，即立档单位的历史考证、档案整理工作方案、立卷说明、移交和接收文据、档案鉴定材料分析报告、销毁清册、安全检查记录、档案数量与状况统计等；新技术应用类文件材料，即应用现代技术管理档案的情况记录，档案信息化和数字化工作情况和电子档案（文件）创建和应用环境及数据格式说明等；管理全宗的综合性业务工作规范和管理制度等。

（2）全宗卷的性质和特点

全宗卷不是全宗内文件的组成部分，而是档案馆（室）在工作活动中形成的一种档案。它不固定保存在形成全宗卷的档案馆（室），而是随着全宗的流动相应地保存在全宗档案所在的档案馆（室）。

（3）全宗卷的作用

全宗卷是档案馆（室）管理全宗的一种工具，可以为立档单位整理、鉴定、统计和利用服务，以及作为进一步收集该单位档案提供重要的依据，是档案工作人员掌握全宗情况不可缺少的材料。

（4）全宗卷的整理

全宗卷整理主要包括以下步骤。

1）装订。将文件材料以“件”为单位进行装订。

2）分类。按内容构成将属于同一全宗卷的文件材料分类。

3）排序。对分到不同类目后的文件材料按形成时间顺序排列，新增文件材料插入相关类目，向后接续排列。

4）编号。在文件材料首页上方的空白处进行编号，文件材料的编号由全宗号－类号－件号三个部分组成。卷内文件材料的全宗号填写文件材料所属全宗的编号，综合全宗卷的全宗号，填写档案馆（室）编号或档案属类代号；类号填写《全宗卷规范》（DA/T 12—2012）中“内容构成”的序号；件号填写文件材料在相关类目中的流水排列序号。

5）编制文件材料目录。将全宗卷中的文件材料分类别、以“件”为单位，按照排列顺序编制文件目录。新增文件材料在相关类目中接续编制目录。当相同材料出现新旧几种版本时，应在目录备注栏中，注明新版本文件替代旧版本文件的名称和时间。全宗卷目录格式如图 7–7 所示。

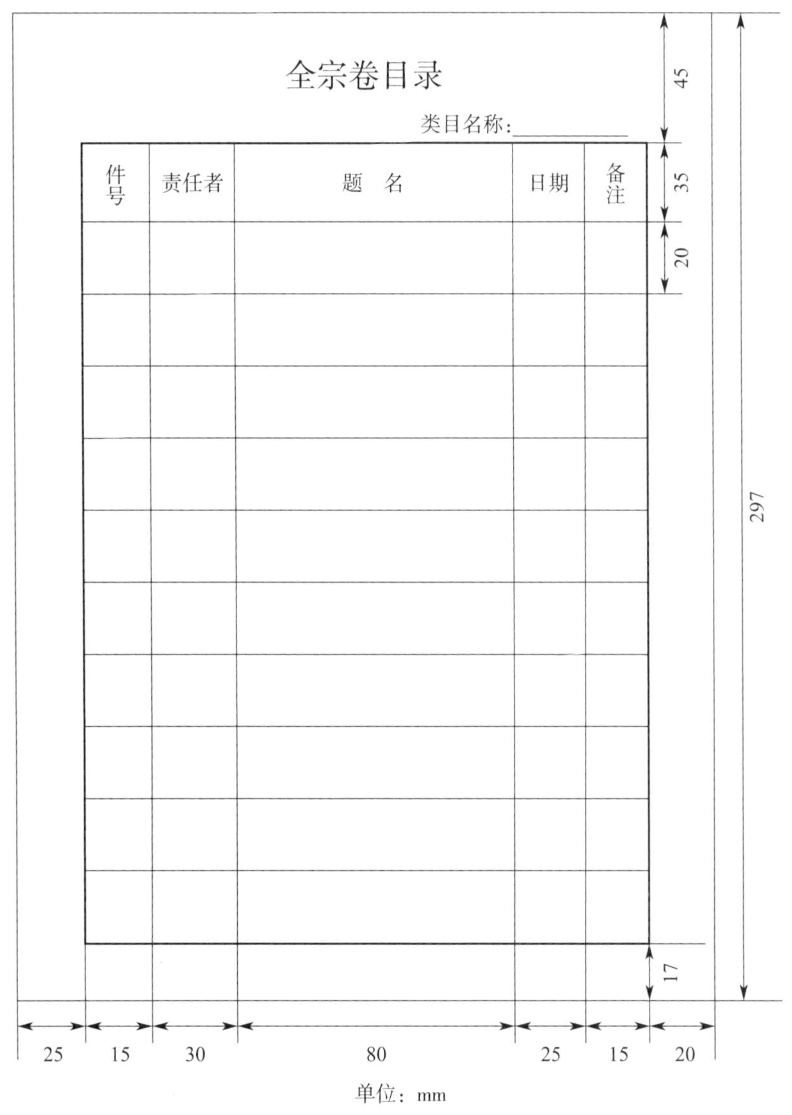

图 7-7　全宗卷目录格式

6）装盒。全宗卷文件材料按照分类编号顺序装盒。文件材料较多，可按分类编号顺序装入数个卷盒。装有文件材料的全宗卷应在卷盒封面和脊背上填写相关内容。

7）编制全宗卷卷盒号。全宗卷卷盒区分全宗，按卷盒排列顺序编制流水号；综合全宗卷单独编制盒号。例如，SZ1-1-2 则为中共湖北省委全宗，全宗介绍类，第 2 件。

（5）全宗卷的管理

档案馆和保管全宗较多的档案室，宜将全宗卷单独集中保管，按全宗号顺序排列。档案室建设全宗卷宜采用双套制，向档案馆移交档案时，其相应的全宗卷文件材料也应同时移交。

第二节　档案保护

档案保护的技术方法很多，归纳起来主要有两个方面：一是防护，二是修护。防护是防止或减缓各种外界不利因素对档案制成材料的破坏作用，主要改善档案保护条件；修护是对已经损坏或受到不利因素影响的档案进行处理，修复已遭损坏的档案，尽力恢复其历史原貌，增强其抵抗外界不利因素的能力。

一、档案损坏的原因

1. 档案损坏的内因

档案损坏的内因主要是指档案的载体材料、书写材料等本身的质量对档案寿命长短产生的影响。

（1）纸张

纸张是档案的主要载体材料，大部分档案都是纸质的，纸张质量的好坏，是影响档案自然损坏的一个极其重要的因素。一般白、厚且有光亮的纸质量较好，保存的期限较强。

（2）墨块和墨汁

墨块和墨汁的主要成分都是碳素。墨块的耐久性好，但使用前需要先磨墨；墨汁耐久性较好、更方便，且添加了防腐、防霉剂，用墨汁书写的档案寿命长。

（3）墨水

碳素墨水和蓝黑墨水质量好，书写的档案文件耐光不怕氧化，而红墨水、纯蓝墨水稳定性差，书写的档案文件易被氧化，保存较长时间后会退色。

（4）铅笔

档案文件上的铅笔字迹颜色经久不褪，但怕摩擦，彩色铅笔经光照后易褪色。

（5）圆珠笔和复写纸

档案文件上的圆珠笔字迹耐久性差，如通过复写纸书写，则更易褪色和扩散。

2. 档案损坏的外因

档案损坏的外因是指保管档案的周围环境条件因素对档案质量的影响。

（1）温湿度

档案库房温度过高，会使耐热性差的复写纸上的或圆珠笔等书写字迹发生油渗扩散现象，加大档案纸张材料中各种有害化学杂质对纸张中植物纤维素的破坏作用；温度过低，会导致档案纸张中水分发生冰结，降低纸张的塑性和柔软性，使纸张强度下降，耐久性受到影响。档案库房湿度过大，会加速档案纸张材料中植物纤维素的水解，使耐水性较差的纯蓝墨水、红墨水等字迹洇化和褪色。

档案库房的温湿度控制应按以下标准：温度控制在 14～24℃，有温度调节设备的，温度的日变化幅度不得超过 ±2℃；相对湿度控制在 45%～60%，有湿度调节设备的，相对湿度的日变化幅度不得超过 ±5%。

（2）太阳光

太阳光会和空气中的氧气产生光氧化作用，从而加快纸张中纤维素的氧化速度，使纸张发黄变脆；太阳光还能对纸张上的字迹造成破坏，使字迹模糊不清。

（3）灰尘

灰尘不仅会污染档案，还会为昆虫和微生物提供藏身繁殖之地，甚至对文件产生腐蚀性。

（4）机械作用

机械作用主要是指摩擦、揉折和撕裂等现象对档案的损坏。

（5）各种有害生物

有害生物主要包括档案害虫、霉菌及老鼠等，它们均会对档案产生危害。

除以上外因，水、火、污染等原因也会对档案造成损害。

二、档案的防护

1. 防火

在库房建筑材料及装具的选用、电器及其线路的使用与安装等方面，应消除一切火灾隐患。库房内外必须配置消防灭火器材。

2. 防盗

库房门窗要坚固（最好安装防盗门），尽量安装防盗报警和视频监控装置，库房管理人员离开库房时严格检查并锁好房门。

3. 防水

库房要建在地势较高、有利于防洪的位置，库房内及附近不能有水源。

4. 防潮

每天定时检测库房湿度，发现湿度过低要及时采取增湿措施，湿度过高则要及时采取除湿措施。

5. 防霉

定期检查档案文件，适当放置防霉药品，发现有霉变迹象应及时通风并配合采取其他措施。

6. 防虫（鼠）

档案入库时要进行灭菌消毒。在库房内定期检查，搞好库房清洁卫生，放置防虫（鼠）药品，有效预防和治理虫害。

7. 防尘

库房及其门窗、档案装具要有良好的密封性能，定期对库房及装具进行除尘。

8. 防光

库房尽量无窗、少窗和小窗。窗户要安装磨砂玻璃、带花纹的或有色的玻璃，并配置窗帘，库房照明灯具应为磨砂白炽灯。

三、档案的修护

1. 档案修复

修复是指使受损或退变档案恢复或接近原有特征，如通过加固或实施各种修复技术，使档案“延年益寿”。

（1）档案修复原则

1）适宜性原则。即选用的修复材料必须与被修复件具有适宜的强度和特性。

2）相似性原则。即选用的修复材料与被修复件具有相类似的厚度、颜色和结构等。

3）可逆性原则。即档案在修复处理后，如有必要可通过再处理恢复到处理前的状态。

（2）档案修复方法

1）档案字迹加固。可针对不同的书写材料采用喷涂法和加膜法加固字迹，提高档案字迹的耐久性。喷涂法是使用具有黏性的化学药液（胶黏剂）喷涂在档案上，其中易挥发的化学成分挥发后，其余物质在档案上形成一层薄膜，使字迹得到巩固，使纸张强度提高。加膜法是在档案的正反两面各加一层透明网膜，档案被透明网膜夹在中间，既不影响阅读，又可提高纸张的强度。

2）纸质档案修裱。修裱是指利用传统方法制作的小麦淀粉为胶黏剂，运用修、补、托裱等传统方法，对破损档案进行修复。通过修裱可使档案被虫咬的孔洞和局部腐朽、残破等得到修复，并提高档案的强度和耐久性。

2. 档案去污

（1）机械去污

机械去污是借助小刀、毛刷等工具，将污斑刮除、刷去。这种方法主要用于纸张强度较好，而污斑较厚、易除的档案。

（2）溶剂去污

根据造成档案污斑的不同物质在不同溶剂中的溶解度，选用水或其他溶剂去污。

（3）氧化剂去污

遇到档案某些污斑用溶剂难以去除时，可用氧化剂与污斑发生化学反应，达到去污的目的。用于氧化去污的氧化剂有氯胺T、过氧化氢、二氧化氯、次氯酸盐和高锰酸钾等。

3. 档案复制

（1）重氮型晒图技术

重氮型晒图技术是复制技术图样的主要方法，其特点是复印简单、速度快、价格低，但复制品容易褪色，保存寿命短。

（2）静电复印技术

静电复印技术是静电摄影技术的一种，其特点是复印速度快、对原稿适应性强、应用范围广、复制品图像清晰，耐久性较强。

（3）缩微摄影技术

缩微摄影技术是利用摄影的方法将档案文件缩小记录在缩微品上。

思考与练习

一、名词解释

1. 档案保管

2. 档案保护

二、简答题

1. 简述档案库房管理的规定和制度。

2. 档案在装具中的存放方式主要有几种？这些存放方式各自的优缺点和适用范围是什么？

3. 简述档案损坏的内因和外因。

4. 简述档案保护的“八防”。

part

08

第八章 档案检索

学习目标

- 掌握档案著录方法和基本格式，熟悉档案著录细则
- 能准确地分析文件的内容与形式特征，并对文件进行著录
- 掌握档案检索工具编制和基本格式，能够编制和使用主要的检索工具

档案检索是将档案信息进行系统存储和根据档案利用者的需求，对档案资料进行系统查找的一项专门工作，主要包括档案信息存储和档案信息查检两个部分。它是开展档案信息服务的必要条件，是档案利用工作的重要手段。

第一节 档案著录

档案著录是指在编制档案目录时，对档案内容和形式特征进行分析、选择和记录的过程。档案著录的结果是条目（又称款目），条目是反映文件或案卷内容和形式特征的著录项目的组合。把条目按照一定的次序编排而成的条目汇集叫作档案目录，是档案管理、检索和报道的工具。

档案著录要按照档案行业标准《档案著录规则》（DA/T 18—1999）来执行，该

规则主要内容有档案著录项目、著录用标识符、著录条目格式、著录用文字和著录信息源等。

一、档案著录项目

档案著录项目是揭示档案内容和形式特征的记录事项。著录项目共分为七项，每项分为若干著录单元（小项）。

1. 题名与责任说明项

题名与责任说明项包括正题名、并列题名、副题名及说明题名文字、文件编号、责任者和附件六个单元。

（1）正题名

正题名是档案的主要题名，一般指单份文件文首的题目和案卷封面上的标题。

（2）并列题名

并列题名是以第二种语言文字书写的与正题名对照并列的题名。

（3）副题名及说明题名文字

副题名是解释或从属于正题名的另一题名。说明题名文字是指在题名前后对档案内容、范围、用途等的说明文字。

（4）文件编号

文件编号包括发文字号、科研试验报告流水号、标准规范类文件的统编号、图号等。

（5）责任者

责任者，也称作者，是指对档案内容进行创造、负有责任的团体或个人。

（6）附件

附件是指文件正文之后的附加材料。

2. 稿本与文种项

（1）稿本

稿本是指档案文件的文稿、文本和版本。稿本项依实际情况著录为草稿、定稿、手稿、草图、原图、底图、蓝图、正本、副本、原版、修订本、试行本、影印本和各种文字本等。

（2）文种

文种是指文件种类的名称。文种项依实际情况著录为命令、决议、指示、通知、报告、批复、函、会议纪要、说明书、协议书、鉴定书、任务书、判决书、国书、照会、诰、敕、奏折等。

3. 密级与保管期限项

（1）密级

按照涉密程度，《文献保密等级代码》（GB/T 7156—2003）将其分为五种，其名称与代码见表 8-1。

表 8-1　　文献保密等级代码

名称	汉语拼音代码	汉字代码	数字代码
公开级	GK	公开	1
限制级	XZ	限制	2
秘密级	MM	秘密	3
机密级	JM	机密	4
绝密级	UM	绝密	5

- 公开级：文献可在国内外发行和交换。
- 限制级：文献内容不涉及国家秘密，但在一定时间内限制其交流和使用范围。
- 秘密级：文献内容涉及一般的国家秘密。
- 机密级：文献内容涉及重要的国家秘密。
- 绝密级：文献内容涉及最重要的国家秘密。

此处国家秘密是指关系国家的安全利益，依照法定程序确定，在一定时间内只限一定范围的人员知悉的事项。

（2）保管期限

保管期限是指根据档案价值确定的档案应该保存的时间，一般分为永久、定期两种。

4. 时间项

根据不同的著录对象，采用文件形成时间或卷内文件起止时间。如一般公私文书、信札为发文时间，决议、决定、命令、规程、规范、标准、条例等法规性文件为通过或发布时间，条约、合同、协议为签署时间，技术评审证书、技术鉴定证书、转产证书为通过时间，获奖证书、发明证书、专利证书为颁发时间，科研试验报告、学术论文为发表时间，工程施工图、产品加工图为设计时间，竣工图为绘制时间，原始试验记录、测定检验数据为记录时间等。

以一组文件、一卷、一组案卷为对象著录一个条目时，著录其中最早和最迟形成的文件的时间，其间用“-”号连接。起止时间的表示，无论是本年度或跨年度，著录时均不能省略年度。

5. 载体形态项

载体形态项著录档案的载体类型标识及档案载体的物质形态特征。档案的载体类型分为甲骨、金石、简牍、缣帛、纸、唱片、胶片、胶卷、磁带、磁盘、光盘等。以纸张为载体的档案一般不予著录，其他载体类型据实著录。

需要注明载体的数量、单位与规格。数量用阿拉伯数字表示；单位用档案物质形态的统计单位表示，如“页”“卷”“册”“张”“片”“盒”“米”等；规格是指档案载体的尺寸及型号等。

6. 附注与提要项

附注项著录档案中需要解释和补充的事项。有则录，无则免。附注项的内容依各项目的顺序著录，项目以外需解释和补充的列在其后。

提要项是对文件和案卷内容的简介，应反映其主要内容、重要数据（包括技术参数等）。提要在附注之后另起一段空两个汉字位置著录，一般不超过 200 字。提要内容依汉语的语法和标点符号使用法著录。

7. 排检与编号项

排检与编号项是目录排检和档案馆、室业务注记项。该项包括分类号、档案馆代号、档号、电子文档号、缩微号、主题词或关键词六个单元。

在以上七种著录项目中，题名与责任说明项、稿本与文种项、密级与保管期限项、时间项、载体形态项、附注与提要项、排检与编号项中的档案馆代号、档号、电子文档号、缩微号反映的是档案的形式特征；分类号、主题词或关键词反映的是档案的内容特征。

二、著录用标识符

著录用标识符用于识别著录项目、单元（小项）及其内容，具体见表 8-2。

表 8-2　档案著录标识符号

标识符	位置或作用	示例
.—	置于下列各著录项目之前：稿本与文种项、密级与保管期限项、时间项、载体形态项、附注项	.—绝密 .—副本 .—蓝图 .—20191127

续表

标识符	位置或作用	示例
=	置于并列题名之前	天津市污染气象要素的研究 =Research of the Pollution Meteorological Element in Tianjin
:	置于下列各著录单元之前：副题名及说明题名文字、文件编号、文种、保管期限、数量及单位、规格	：中发〔2019〕1 号 ：根据录音整理，未经本人审阅
/	置于第一个责任者之前	/ 山东省人力资源和社会保障厅
;	置于多个文件编号之间、多个责任者之间	/ 发改委；财政部；商务部等
,	用于相同职责、身份省略时的责任者或同一责任者的不同职责、身份之间	/ 中共北京市委办公厅，北京市人民政府办公厅
+	置于每一个附件之前	+×× 省 ×× 厅关于 ×× 的通知
[ ]	置于下列著录内容的两端：自拟著录内容、文件编号中的年度、责任者省略时的“等”字	[×× 县人民政府关于春季封山育林的通告]
( )	置于下列著录项目的两端：责任者所属机构名称、责任者真实姓名、责任者职责或身份、外国责任者国别及姓名原文等	/ 王枫（《人民日报》记者）
?	用于不能确定的著录内容，一般与 [ ] 配合使用	/ [张治中?]
-	用于下列著录内容之间：日期起止和档号、电子文档号、缩微号各层次之间	. —20190106-20191218
…	用于节略内容	
□	用于每一个残缺文字和未考证出时间的每一个数字。未考证出来的责任者及难以计数的残缺文字用三个“□”表示	. —193 □□□□□ [19351006]

对于著录标识符号，有以下几点说明。

■ 除了“题名与责任者项、排检与编号项”外，各项目连续著录时，其前均冠以“. —”号，如遇回行，不可省略该标识符。但各项目另起段落著录时则可省略该标识符。

■ “. —”占两格，在回行时不应拆开；“;”和“,”各占一格，前后均不再空格。

■ 如某个项目缺少第一个单元（小项）时，应将现位于首位的单元原规定的标识符改为“. —”。

■ 各著录项目及单元所使用的标识符，除“,”和“.”只在后面空一格外，其他规定使用的标识符均在前后空一格。

■ 凡重复著录一个项目或单元时，其标识符也需重复。

■ 不著录的项目或单元，其标识符应连同该项目或单元一并省略。

三、著录条目格式

著录条目格式是著录项目在条目中的排列顺序及其表达方式。《档案著录规则》（DA/T 18—1999）中规定一般使用段落符号式条目格式，实际工作时也可以根据需要使用表格式条目格式。

著录条目的形式可以采用卡片，卡片尺寸一般为 12.5 cm×7.5 cm，著录时卡片四周均应留 1 cm 空隙，如卡片正面著录未完，可接背面连续著录。

1. 段落符号式条目格式

段落符号式条目格式是指将著录项目分为若干段落，每个项目及单元之间用符号区分开来的著录格式，在这种格式中每一著录项目及单元的字数不受限制，并与《文献著录规则》的规定相一致。段落符号式条目格式如图 8-1 所示。

分类号　　　　　　　　　　　　　　　　档案馆代号
档号　　　　　　　　电子文档号　　　　　缩微号
正题名 = 并列题名：副题名及说明题名文字：文件编号 / 责任者 + 附件. —稿本：文种. —密级：保管期限. —时间. —载体类型：数量及单位：规格. —附注
　　提要
主题词或关键词

图 8-1　段落符号式条目格式

段落符号式条目格式将著录项目划分为四个段落。第一段落中分类号、档号分别置于条目左上角的第一、二行，档案馆代号、缩微号分别置于条目右上角第一、二行，电子文档号置于第二行的中间位置。第二段落从第三行与档号齐头处依次著录题名与责任说明项、稿本与文种项、密级与保管期限项、时间项、载体形态项、附注项，回行时，齐头著录。第三段落另起一行空两格著录提要，回行时与第一、二段落齐头。第四段落另起一行齐头著录主题词或关键词，各词之间空一格。

2. 表格式条目格式

表格式条目格式是指将著录项目名称及填写位置印制成表格的条目式，这种格式直观，易于掌握，但每一著录项目的字数受表格大小的限制。

实际工作中使用表格式条目格式时，其著录项目应与段落符号式条目格式相同，其排列顺序可参照段落符号式条目格式。

3. 文件级和案卷级条目格式

档案著录对象可以是一份文件或一卷（册、盒）文件。以一份文件为著录对象的称为文件级条目格式（见图 8–2），该格式一文一卡；以一卷文件为著录对象的称为案卷级条目格式（见图 8–3），该格式一卷一卡。

《归档文件整理规则》（DA/T 22—2015）要求以“件”为单位进行管理，因此在著录时主要采用文件级条目格式著录。对于新规则实施之前形成的“案卷”，可以在著录时采用案卷级条目格式著录。

GE5.75　　411010
2–53–107–8　　46–94
上海第五建筑有限公司关于下发《2004—2005 年度合格分包方名录》的通知：沪建股五司劳字〔2004〕33 号 / 上海第五建筑有限公司 +2004—2005 年度合格分包方名录．—副本：通知．—内部：永久．—20040702．—2 页：260 mm × 184 mm

上海第五建筑有限公司为了进一步加强对分包队伍的管理，落实考核评价制度，充分体现优胜劣汰的原则，公司会同各项目部及有关部门，对现有合格分包商重新进行调查评价，确定 66 家建筑施工单位为上海市第五建筑有限公司 2004—2005 年度合格分包方。

劳资　合格　分包方　名录　通知

图 8–2　文件级条目格式

JD15211　　411001
16–2–30　　92–1
各省、自治区、直辖市 1952 年粮食产量统计表．—永久．—19530314-19530520．—新疆区统计表因污渍大部分不清

1952 年全国各省、自治区、直辖市耕地面积、粮食作物播种面积、总产量和各种粮食作物产量分省与综合累计统计。

粮食生产　统计　1952 年　耕作面积　粮食产量

图 8–3　案卷级条目格式

四、著录用文字

1. 著录用文字必须规范化。

2. 汉字应使用规范化的简化汉字，外文与少数民族文字应依照其文字规则书写。

3. 文件编号项、时间项、载体形态项、排检与编号项中的数字应使用阿拉伯数字。

4. 图形及符号应照录，无法照录的可改为其他形式的相应内容，并加“[ ]”号。

五、著录信息源

著录信息来源于被著录的档案。单份或一组文件著录时主要依据文头、文尾。一个或一组案卷著录时主要依据案卷封面、卷内文件目录、备考表等。被著录档案本身信息不足时，参考其他有关的档案资料。

六、著录详简级次

档案著录格式上的内容项目是从总的要求上提出的，并不要求任何档案所有情况下都要一一著录所有项目。在《档案著录规则》（DA/T 18—1999）中，把著录项目分为必要项目和选择项目，必要项目是必须著录的，选择项目可以著录也可不著录。

必要项目：正题名、第一责任者、时间、分类号、档号、缩微号、主题词。

选择项目：并列题名、副题名及说明题名文字、文件编号、载体类型标识、其他责任者、文本、密级、保管期限、载体形态、丛编、附注、提要、档案馆代号。

按照著录内容的详细与否，著录级次可分为详细级次、简要级次。详细级次是指著录项目除必要项目外，还著录部分或者全部选择项目的。简要级次是指仅著录必要项目的。详细级次格式和简要级次格式分别如图 8-4、图 8-5 所示。

分类号　　　　　　　　　　　　档案馆代号
档号　　　　　　电子文档号　　　　缩微号
正题名 = 并列题名：副题名及说明题名文字：文件编号 / 责任者 + 附件．—稿本：文种．—密级：保管期限．—时间．—载体类型：数量及单位：规格．—附注
　　提要
主题词或关键词

图 8-4　详细级次格式

分类号　　　　　　　　　　　　档案馆代号
档号　　　　　　　　　　　　　　缩微号
正题名 / 责任者．—时间
主题词

图 8-5　简要级次格式

七、档案著录实例说明

参照上面所讲述的档案著录的基本方法，根据图 8-6 所示的文件，简要说明该档案著录的流程。

创新集团文件

创人字〔2018〕1 号

关于创新集团成立人力资源部的决定

各部（室）、集团（公司）：

创新集团是集酒店、餐饮、会展、娱乐等为一体的集团企业，2018 年各项目陆续开业经营，为有效整合人力资源，控制人力成本，使人力资源管理能更好地为集团项目提供强有力支持，报经集团董事会批准，现决定成立创新集团人力资源部，同时任命韩志成为创新集团综合办主任兼人力资源部经理，中层领导干部待遇，考察期三个月。

附件：创新集团人力资源部职责及权限

2018 年 2 月 12 日

（章）

图 8-6 需要著录的档案文件

根据“创人字〔2018〕1 号”文件的特点，适合采用段落符号式条目格式进行著录，根据著录项目逐条分析文件的内容与形式特征，按照以下步骤完成该文件的著录工作。

1. 确定题名与责任者说明项

（1）正题名：关于创新集团成立人力资源部的决定。

（2）并列题名、副题名及说明题名文字：无。

（3）文件编号：创人字〔2018〕1 号。

（4）责任者：人力资源与个人发展部。

（5）附件：创新集团人力资源部职责及权限。

2. 确定稿本与文种项

（1）稿本：正本。

（2）文种：决定。

3. 确定密级与保管期限项

（1）密级：限制。

（2）保管期限：永久。

4. 确定时间项

20180212。

5. 确定载体形态项

（1）载体类型：纸质，不著录。

（2）数量及单位：1 页。

（3）规格：A4 纸型（210 mm × 297 mm）。

6. 确定附注项与提要项

（1）附注项：无，不著录。

（2）提要项：决定成立创新集团人力资源部，同时任命韩志成为创新集团综合办主任兼人力资源部经理，并规定了创新集团人力资源部的职责及权限。

7. 确定排检与编号项

（1）分类号：根据《中国档案分类法》和《档案分类标引规则》（GB/T 15418—2009）的相关规定确定档案著录的分类号。

（2）档案馆代号：无。市属企业将向市档案馆移交。

（3）档号：由全宗号 - 案卷目录号 - 案卷号 - 件号组成。

（4）电子文档号：是档案馆（室）管理的电子文件的一组符号代码。

（5）缩微号：档案馆（室）赋予档案缩微制品的编号，如果文件未做缩微品，则没有缩微号。

（6）主题词：集团　资源　决定。

8. 进行著录

根据以上内容和形式特征就可按规定格式制作著录卡片，如图 8-7 所示。

1-05 B060202
10-3-25-30 5-15
关于创新集团成立人力资源部的决定：创人字〔2018〕1号/人力资源与个人发展部+创新集团人力资源部职责及权限．—正本：决定．—限制：永久．—20180212．—1页：210 mm×297 mm
决定成立创新集团人力资源部，同时任命韩志成为创新集团综合办主任兼人力资源部经理，并规定了创新集团人力资源部职责及权限。
集团 资源 决定

图 8-7 著录卡片

第二节 档案检索工具

档案检索工具是记录、报道档案内容和形式及查找档案资料的系统化文字描述工具，是目录、索引、指南等的统称。使用档案检索工具主要有手工检索和计算机检索两种方法。

一、档案检索工具的功能

档案检索工具具有存储和检索两大功能。

存储，即将档案文件有关特征著录下来，按照一定顺序加以排列或进行客观描述，以二次文献或三次文献的形式将档案信息集中起来。

检索，即向利用者提供查找档案的线索，供利用者了解和查找档案时使用。

档案信息存储是检索的基础与前提，检索是信息存储的应用与反馈。两者相辅相成，相互作用。

二、档案检索工具的类型

档案检索工具较多，根据不同的标准可分为不同的类型，具体见表 8-3。

表 8-3 档案检索工具的类型

分类标准	类型名称	检索工具
编制方式	目录	卷内文件目录、案卷目录、专题目录和分类目录
	索引	文号索引、人名索引、地名索引
	指南	全宗指南、专题指南

续表

分类标准	类型名称	检索工具
检索范围	以一个全宗（或部分）档案为著录范围的检索工具	案卷目录、案卷文件目录、文号目录、全宗指南
	以档案室的全部或主要部分档案为著录范围的检索工具	分类卡片、分类目录、主题卡片、主题目录
	以室藏中一定专题的有关档案为著录范围的检索工具	专题卡片、专题目录、专题指南、专题性的人名卡片和地名卡片
载体形式	书本式检索工具	各种目录、各种指南
	卡片式检索工具	各种卡片目录
	缩微式检索工具	缩微胶片、光盘
	电子检索工具	电子计算机检索目录
功能	查检性检索工具	各种卡片、目录
	报道性检索工具	指南
	馆藏性检索工具	案卷目录、全宗目录
查检方式	手工检索工具	卡片式检索工具
	机器检索工具	电子计算机检索工具

三、衡量档案检索工具的标准

档案检索工具具有存储档案信息和提供查找途径两个方面的功能，原则上应以档案信息存储丰富、检索迅速准确、方便实用作为衡量的主要标准。但是从查找利用的角度看，用户最关注的其实是检索效率，可以用以下两种指标来衡量。

1. 查全率和漏检率

查全率是指满足利用者要求的全面程度，即检出的相关档案数量与全部相关档案数量之间的比例，其计算公式为：

查全率 = 检出的相关档案数量 / 全部相关档案数量 ×100%

与查全率对应的是漏检率，即未检出的相关档案数量与全部相关档案数量之间的比例，其计算公式为：

漏检率 = 未检出的相关档案数量 / 全部相关档案数量 ×100%

2. 查准率和误检率

查准率是指满足利用者要求的准确程度，即检出的相关档案数量与全部检索结果数量之间的比例，其计算公式为：

查准率 = 检出的相关档案数量 / 全部检索结果数量 ×100%

与查准率对应的是误检率，即检出的无关档案数量与全部检索结果数量之间的比例，其计算公式为：

误检率 = 检出的无关档案数量 / 全部检索结果数量 ×100%

四、常用档案检索工具的编制

编制档案检索工具就是对著录标引后形成的条目加以系统排列，组成各种检索工具，或输入计算机，建立计算机检索数据库。

在实际运用中，常用档案检索工具的编制有馆藏性档案检索工具的编制、查检性档案检索工具的编制和报道性档案检索工具的编制。具体的编制方法如下。

1. 馆藏性档案检索工具的编制

馆藏性档案检索工具有案卷目录、案卷文件目录和全宗目录。下面介绍案卷目录和案卷文件目录的编制方法。

（1）案卷目录

案卷目录是将一个全宗内同类和相关文件按时间、按问题组合成卷，然后拟订案卷标题，以标题为单位，将该全宗内所有案卷标题按时间顺序排列组合而成的目录。案卷目录是档案馆（室）最基本、也是最常见的一种检索工具。

案卷目录的格式见表 8-4。

表 8-4　　案卷目录格式

顺序号	案卷号	案卷题名	起止年月日	册数	保管期限	存放位置		备注
						柜号	格号	

■ 顺序号、案卷号：依案卷排列顺序逐次填写，分档案室编号和档案馆编号。

■ 案卷题名（案卷标题）：即填写案卷封面上的案卷标题，必须逐字照录，不能随意修改或增减。

■ 起止年月日（年度）：即案卷内文件所属的年份。有时需要填写具体的起止年月日，应填写案卷内最早的文件日期和最迟的文件日期。

■ 册数：即填写卷内文件实有册数。

■ 保管期限：即案卷的保管期限，如以保管期限分编的目录可省略此项。

■ 备注：对于某些案卷的移出、遗失、损坏等变化情况的说明。

按照案卷目录检索排列的档案如图 8-8 所示。

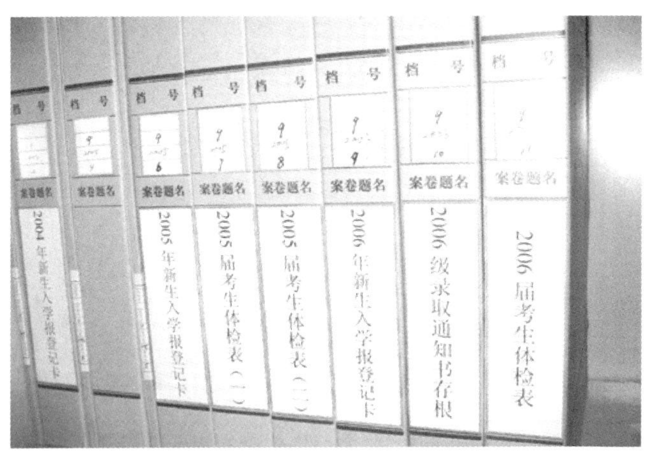

图 8-8　按照案卷目录检索排列的档案

（2）案卷文件目录

案卷文件目录是将案卷目录和卷内文件目录汇编而成的检索工具。它只需把案卷目录和卷内文件目录依次打印，或复印剪贴后装订起来即可。

案卷文件目录的格式有多种形式，详见表 8-5～表 8-7。

表 8-5　　案卷文件目录格式一

<table>
<tr><td colspan="7">××号案卷</td></tr>
<tr><td>顺序号</td><td>责任者</td><td>文号</td><td>文件题名</td><td>文件日期</td><td>所在页号</td><td>备注</td></tr>
<tr><td></td><td></td><td></td><td></td><td></td><td></td><td></td></tr>
</table>

表 8-6　　案卷文件目录格式二

<table>
<tr><td>案卷号</td><td>案卷题名</td><td>起止日期</td><td>页数</td><td>保管期限</td><td colspan="2">附注</td></tr>
<tr><td></td><td></td><td></td><td></td><td></td><td colspan="2"></td></tr>
<tr><td>顺序号</td><td>责任者</td><td>文号</td><td>文件题名</td><td>文件日期</td><td>所在页号</td><td>附注</td></tr>
<tr><td></td><td></td><td></td><td></td><td></td><td></td><td></td></tr>
</table>

表 8-7　　案卷文件目录格式三

<table>
<tr><td rowspan="2">案卷号</td><td>馆编</td><td></td><td rowspan="2">案卷标题</td><td colspan="4" rowspan="2"></td></tr>
<tr><td>室编</td><td></td></tr>
<tr><td>顺序号</td><td colspan="2">责任者</td><td>文号</td><td>文件标题</td><td>保管期限</td><td>日期</td><td>页号</td></tr>
<tr><td></td><td colspan="2"></td><td></td><td></td><td></td><td></td><td></td></tr>
<tr><td></td><td colspan="2"></td><td></td><td></td><td></td><td></td><td></td></tr>
</table>

2. 查检性档案检索工具的编制

查检性档案检索工具有分类目录、主题目录、人名索引、地名索引、文号索引等。下面介绍分类目录、主题目录、人名索引和文号索引的编制方法。

（1）分类目录

分类目录是一种简明扼要的卡片式查找性检索工具。分类目录是以档案馆（室）全部（或主要部分）档案为著录范围，按《档案著录规则》（DA/T 18—1999）著录成文件级或案卷级条目。它是根据体系分类法的原理，将档案主题按《中国档案分类法》的逻辑体系组织起来的检索工具，其优点是将同一内容的档案信息集中在一起，便于按族性进行查找。

分类目录主要以卡片的形式编制，编制时一般以案卷为单位，即一卷一卡，也可以“件”为单位，即一件一卡。其编制步骤如下。

1）填卡。按《档案著录规则》（DA/T 18—1999）规定，把有关内容分成条目格式著录在卡片上。

2）排列。如果档案馆（室）保存有不同时期的档案，应首先按时期分开，反映同一时期内容的卡片要排列在一起；然后，在每一时期内依据《中国档案分类法》的体系，把各卡片按大类、属类依次排列；在每一类中，再按年度、级别、作者、时间或地区等排列。

3）设置指引卡（又称导卡）。由于分类卡片目录数量大，各类之间应用指引卡分开。指引卡是一种上端带有耳状突起的卡片，使用时在其导耳部分标明分类号、类目名称或指出本类档案的范围、排列方法等。

（2）主题目录

主题目录是将文件或案卷依据主题词表按照主题标识、依字序排列而成的一种检索工具。其优点是专指性强，查找方便，查准率高，尤其适用于计算机检索。主题目录的编制必须以《中国档案主题词表》为依据，手工检索的主题目录大多以卡片形式编制。其编制步骤如下。

1）编制条目。一般是一文一卡，将该文件的主题词按一定的顺序著录在卡片上，形成一个条目。如果一份文件有两个主题，需填写两张卡片。

2）排列。主题卡片目录按照字顺排列，字顺包括汉语拼音、部首、笔画等。

（3）人名索引

人名索引是将档案中涉及的人名及其简要情况著录下来，集中排列并指明档案位置的检索工具。排列方法按照人名姓氏的笔画笔顺安排，具有编制简单、查找方便的特点。人名索引可分为综合性人名索引和专题性人名索引两种。

1）综合性人名索引。综合性人名索引是将档案馆（室）中所有档案涉及的所有人名都编成目录索引，见表 8-8。

表 8-8　　综合性人名索引表

<table>
<tr><td>姓名</td><td></td><td>曾用名</td><td></td><td>性别</td><td></td><td>出生
年月</td><td></td><td>民族</td><td></td><td>籍贯</td><td></td></tr>
<tr><td>简历</td><td colspan="11"></td></tr>
<tr><td>档案
内容
摘要</td><td colspan="11"></td></tr>
<tr><td colspan="3">全宗号</td><td colspan="3">案卷目录号</td><td colspan="4">案卷号</td><td colspan="2">页号</td></tr>
<tr><td colspan="3"></td><td colspan="3"></td><td colspan="4"></td><td colspan="2"></td></tr>
</table>

2）专题性人名索引。专题性人名索引是将室藏档案中涉及某一专题内容的人名编成目录索引，见表 8-9。

表 8-9　　专题性人名索引表

<table>
<tr><td>姓名</td><td></td><td>曾用名</td><td></td><td>性别</td><td></td><td>出生
年月</td><td></td><td>民族</td><td></td><td>籍贯</td><td></td></tr>
<tr><td>简历</td><td colspan="11"></td></tr>
<tr><td>档案
内容
摘要</td><td colspan="11"></td></tr>
<tr><td>全宗号</td><td colspan="2"></td><td colspan="2">案卷目录号</td><td colspan="2"></td><td colspan="2">案卷号</td><td></td><td>页号</td><td></td></tr>
</table>

（4）文号索引

文号索引是指将档案的文号与档号相对应，提供按文号检索档案的检索工具。文号索引通常采用表格形式，编制简单方便，查找准确快捷。文号索引可分为号码对应式和位置对应式。

1）号码对应式。号码对应式文号索引的格式见表 8-10。

表 8-10　　号码对应式文号索引的格式

00		10		20		30		40		50		60		70		80		90	
01		11		21		31		41		51		61		71		81		91	
02		12		22		32		42		52		62		72		82		92	
03		13		23		33		43		53		63		73		83		93	
04		14		24		34		44		54		64		74		84		94	
05		15		25		35		45		55		65		75		85		95	
06		16		26		36		46		56		66		76		86		96	
07		17		27		37		47		57		67		77		87		97	
08		18		28		38		48		58		68		78		88		98	
09		19		29		39		49		59		69		79		89		99	

索引表内每页 100 格，代表 100 件发文，固定数字代表文号，如“01”代表第 1 号发文，“99”即第 99 号发文，满 100 号时即在“00”前注上“1”。101 号自第 2 页第 1 号起。这样，1～100 号在第 1 页，101～200 号在第 2 页，依此类推。文号后面的空格填写该文号的档号。

2）位置对应式。位置对应式文号索引在制表时并不一一列出文号，而是使用一定的格式确定每一发文字号在表格中的位置，然后在该位置上直接填写该份文件的档号，见表 8-11。

表 8-11　　位置对应式文号索引的格式

	0	1	2	3	4	5	6	7	8	9
0										
1										
2										
3										
4										
5										
6										
7										
8										
9										

3. 报道性档案检索工具的编制

报道性档案检索工具包括档案馆指南、专题指南和全宗指南。根据文秘人员工作的实际需要，本书主要介绍全宗指南的编制。

全宗指南是介绍和报道立档单位及其所形成档案情况，包括内容和成分及其利用价值的一种档案检索工具。全宗指南是段落式条目信息，通常由全宗指南名称、全宗来源简况、档案内容与成分介绍、检索注意事项、查阅注意事项等部分组成。

（1）全宗指南名称

全宗指南名称由全宗号、全宗构成者的名称（全称或通用简称）、“全宗指南”、起止时间构成，并列成分之间用空格位分开。

例如：R322　钟南山　全宗指南　1936—2000

（2）全宗来源简况

全宗来源简况是指用列表登记记录和反映全宗来源背景的内容。其登记顺序为全宗构成者形成和其职能，所有曾用名称，全宗管理机构和全宗档案数量，全宗档案收集、征集、接收、移交、寄存数量。

（3）档案内容与成分介绍

档案内容与成分介绍主要包括反映全宗构成者基本职能和主要活动方面的、每个阶段中心工作或特殊工作所形成的、具有重要历史价值和地方特色的、具有国家和国际意义知名人物的档案和馆藏年代久远的档案。该部分是全宗指南的主体，介绍时一般以案卷为单位进行，叙述方式有两种：一是以问题为主线，按整理时原划分的类目逐一介绍；二是以立档单位内部的组织机构为主线，按组织机构分别介绍。

（4）检索注意事项

检索注意事项包括可使用的检索工具和已编制的参考资料名称，机读目录、手工检索工具条目的数量，纸质档案数字化副本的画幅数量以及占全宗档案总数比例的情况，纸质档案缩微副本的数量以及占全宗档案总数比例的情况，非纸质档案副本的形式、数量以及占全宗档案总数比例的情况。

（5）查阅注意事项

查阅注意事项包括档案的完整和完好程度以及遗失、销毁情况等，档案的分类与整理方法以及不同载体组卷、装订和保管的情况，档案的利用价值以及鉴定情况，划分的保管期限类型以及各类保管期限档案的数量，档案内容向社会开放的情况，本全宗指南完成时间和编制者的情况，其他有关问题的说明。

思考与练习

一、名词解释

1. 档案检索
2. 档案著录
3. 查全率

二、简答题

1. 著录档案时必选的著录项目有哪些?
2. 简述档案检索工具划分的标准及类型。

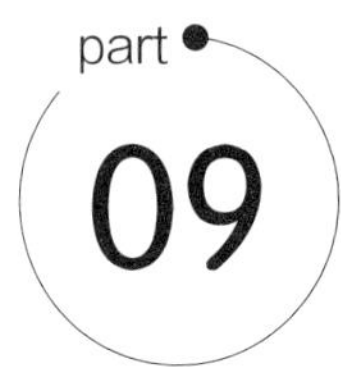

第九章 | 档案利用

学习目标

- 掌握档案利用的基本途径
- 熟练掌握档案利用的主要工作方式
- 了解档案开放的作用与方式

档案利用是档案利用者通过档案利用工作系统查找、利用档案信息，满足其利用需求的行为过程，是档案信息资源潜在的利用价值得以实现的过程。

第一节　档案利用的途径和方式

一、档案利用的基本途径

第一，提供档案原件。例如，档案馆开辟阅览室，档案利用者在馆内阅览一般文件原件；在某些情况下将档案原件暂时借出馆外使用等。这种方式只限于一般档案，比较珍贵的档案原件及容易损坏的历史档案，不宜通过这种方式直接提供给利用者使用。

第二，提供档案原始复制品。例如，制作各种形式的档案复印件，代替原件在馆内供阅览或供馆外利用；编辑出版文件汇编和在报刊上公布档案；举办档案展览等。

第三，提供档案信息加工品。例如，编写各种参考资料、制发档案证明等，根据档案撰写文章及著作，向社会提供加工过的档案信息。

二、档案利用的主要方式

1. 设立档案阅览室

设立档案阅览室是指建立专门的档案阅览空间，为档案利用者直接提供档案原件或复印件阅览。档案阅览室也是档案服务方式中最常见的一种方式。

设立档案阅览室的目的在于：首先，提供便利，为档案利用者创造阅览条件，使档案利用者使用到最真实的档案资料；其次，便于保护档案，不仅可以避免档案资料的丢失，而且能减少其磨损，从而延长档案的使用寿命；再次，便于及时周转档案，提高利用率；最后，档案阅览室制定的相关规章制度能使档案保管更加安全完善。档案阅览室内景如图 9–1 所示。

图 9–1　档案阅览室内景

2. 提供档案外借

提供档案外借是指为了满足档案利用者的特殊利用需求，由档案利用者在成功办理档案借出手续后，暂时将档案原件或副本借出的一种档案利用方式。档案外借一般有对外档案借阅和对内档案借阅两种形式。

一般单位内部工作人员如需借阅本单位档案资料，需填写档案与资料借阅单（见表 9–1），并经主管领导批准后，到档案部门办理借出手续。档案工作人员按照规定，要求借阅人填写档案与资料借出登记簿（见表 9–2），并对所填内容逐项核对无误后，方可将档案借出。

表 9-1　　档案与资料借阅单

档案与资料借阅单

________档案馆（室）：

兹有本组织________部门________等同志，现因工作需要，需借出________等档案（资料），请予办理借出手续。

批准人：

年　月　日

表 9-2　　档案与资料借出登记簿

借阅日期	组织或部门	利用目的	借出档案								归还	
			档案门类	所属年度	保管期限	案卷件号	数量	期限	借阅人签字	接待人	日期	经办人

对于外单位因各事由需借阅本单位档案资料的，则须持有查（借）阅档案资料介绍信（见表 9-3），写明利用者的身份、借阅目的、范围和借阅期限等，经本单位主管领导批准后方可借出。

表 9-3　　查（借）阅档案资料介绍信

档介字第　　号

________：

兹介绍________同志前往你处联系查（借）阅以下档案（资料），请接洽。

单位名称：（盖章）

年　月　日

姓名	借阅资料内容及范围	借阅事由	借阅期限	备注
			年　月　日至　年　月　日	
			年　月　日至　年　月　日	
			年　月　日至　年　月　日	
			年　月　日至　年　月　日	
领导审批：		提取人： 身份证号码： 联系电话：	归还日期： 经办人： 收档人签字：	
备注：以上信息涂改无效，个人借档须携带身份证原件并填写身份证号码				

3. 举办档案展览

举办档案展览是指档案馆根据社会需求，按一定的展示方式和一定的专题，系统地向社会公众展览该馆的原始展览品或图片的一种档案提供利用方式。

（1）档案展览的类型

档案展览根据时间标准划分，主要有以下类型（见表 9–4）。

表 9–4　档案展览的类型

类型	含义	特点
长期展览（主题展览）	档案馆在自有或专门的展览场地把馆藏档案文献资料中的精品较长时间地向公众开放的一种展览方式	1. 馆藏精品，感染力强 2. 可能会根据馆藏进一步挖掘以及展出效果等实际情况调整部分展品 3. 更强的社会效应
临时展览（专题展览）	档案馆根据社会需求按照一定的专题举办的短期展览，如庆祝中华人民共和国成立七十周年展	1. 直观，可结合社会热点问题 2. 展出规模可大可小，展出场地可机动调整，展览形式多样 3. 时效性相对强

（2）档案展览的形式

常用档案展览的形式见表 9–5。

表 9–5　档案展览的形式

展览形式	展览地点	特点
固定展览	传统的实地展览，一般在档案馆内举办	应用最广
网上展览	特定网址或专题网页	受众多，影响广泛；不受地点、时间的限制，可节省大量的人力、物力、财力
巡回展览	适用于公园、闹市区等人流量较大的场所，还适用于与展览有直接关联的工厂、社区、学校	专题教育，主题鲜明

（3）档案展览的作用

首先，档案展览是社会教育的一种形式，是档案馆主动服务于党和国家中心工作的具体体现；其次，档案展览是档案馆开展爱国主义、革命传统教育，发挥社会教育功能的基本形式之一；最后，档案展览是对公民普及档案知识，增强社会档案意识的有效方式。

（4）档案展览的举办程序

1）根据社会需要，结合社会热点，研究确定展览的主题、基本内容以及要达到的目的。

2）结合主题对档案史料进行筛选，对辅助展品进行准备，力求档案内容与形式形象生动。

3）深入研究、精心设计和商定展览计划，确定档案陈列的具体方案，列出全部展览展品，并对展品的展览形式进行研究设计，以达到最好的展览效果。

4）为办好展览，还需要对辅助展品和必要设备进行制作和准备。前期准备工作完成后，就可以进行现场的安装与布置，并在开展前对整体展览进行评估，以查漏补缺，力求达到最好的视觉与展览效果。

4. 制发档案复制件

制发档案复制件是指通过技术手段制作出与档案原件内容相同的复制品。

（1）制发档案复制件的形式

一是提供副本，副本即反映档案原件所有组成部分的复制件，复制的方法有复印、拍照、摄像、扫描等；二是提供摘录，摘录即反映档案原件某些部分的复制件，一般通过摘抄、复印等方法进行复制；三是提供电子文档复制，可通过网络检索利用资料和档案，对于有特殊需求的利用者，还可采用光盘刻录、U 盘拷贝等方法复制所需电子档案。

（2）制发档案复制件的优缺点

优点：可以减少对原件的损坏，有利于延长档案的使用年限；还能方便用户，扩大利用范围，提高档案利用率。

缺点：档案复制本易被再次或多次复印、流传或公布，不利于保密。

（3）制发档案复制件的程序

1）提出申请。填写有关资质及申请，说明使用用途、所需档案名称等。

2）进行复印。经相关部门批准后，由单位的档案工作人员进行复制后交于档案利用者。

3）审查盖章。应在档案文件空白处或者背面注明保管单位名称、档案原件编号，并加盖公章。对于电子档案，应履行签收手续，并按规定期限进行回收。

5. 制发档案证明

档案证明是指档案利用者为核查档案记录事件向档案馆提出申请，由档案馆依据档案记载出具的凭证性文件。制发档案证明应注意以下事项。

一是档案证明是依据档案证明存在的事实在档案中有无记录以及如何记录，不对事实做出任何结论，也不对档案的内容进行评论和解释。

二是档案证明的内容要真实、准确地体现档案记载的内容。但对于个人的档案证明，不可摘录履历表、组织鉴定等不宜对本人公开的内容。

三是制发档案证明应严格按照程序进行。档案部门应事先印制好档案证明申请书（见表 9-6），利用者可填写申请书，经审批后出具证明。

表 9-6 档案证明申请书

申 请 书
________档案馆（室）： 兹有________组织（或________人）因________事由，请求贵部门出具有关________情况的证明材料一份。 特此申请。 申请人： 年 月 日

四是在制发档案证明的正文之后，应列出所采用的档案全宗号、目录号、案卷号和文件的页码以及证明的制发日期。得到档案证明的申请者应履行签收手续（机关要出具书面的收据；个人应在留存的档案证明副本上签字，并注明本人身份证号和日期）。

6. 提供档案咨询服务

提供档案咨询服务是指档案馆向档案利用者提供某种档案资料咨询、指导和帮助的一种服务方式，一般采用网络查询、电话咨询和邮件咨询等咨询服务方式。

咨询服务的范围有两个部分：一是解答询问，通过口头（包括电话）或书面等形式，解答档案利用者提出的有关档案专业知识、档案利用手续、各种档案规章制度、档案检索途径等方面的问题；二是协助检索，指导档案利用者使用检索工具，提供查找线索。

第二节 档案开放

档案开放使人们越来越多地了解档案、利用档案。利用档案是公民的基本民主权利，档案的开放程度是社会发展程度和水平的重要标志之一。

一、档案开放的定义

档案开放是指档案馆对达到一定期限的档案，根据国家档案相关法律法规的规定及保密制度，将可以公开的档案向社会公开供公众利用的过程。

《中华人民共和国档案法》规定："国家档案馆保管的档案，一般应当自形成之日起满三十年向社会开放。经济、科学、技术、文化等类档案向社会开放的期限，可以少于三十年，涉及国家安全或者重大利益以及其他到期不宜开放的档案向社会开放的期限，可以多于三十年，具体期限由国家档案行政管理部门制订，报国务院批准施行。"

资料窗

档案开放在不同国家的规定

在中世纪，各个国家档案馆的馆藏档案甚为机密，只允许其拥有者或少数上层人物使用。1789年，法国在资产阶级革命期间首先提出档案开放原则，宣布国家档案馆每周对外开放三天，法国公民可在规定时间到国家档案馆查阅档案。这一原则很快被欧洲各国所采用。

第二次世界大战后，在开放档案的范围和年限上，各国有不同规定，如英国、罗马尼亚、印度、阿根廷等国规定除涉及国家内政、军事、外交等秘密，以及公民隐私的档案外，一般自档案形成之日起满三十年均实行开放；丹麦、苏丹等国则规定为五十年。有的国家还对不同类型和内容的档案专门规定了不同的开放年限，如法国规定公务员人事档案、户口登记册和医疗档案分别在其产生后的一百二十年、一百年和一百五十年开放。

二、档案开放的作用

首先，档案开放有利于社会的发展，是现代社会公民民主权利的具体体现。档案开放有效地推动开发利用档案信息资料，为我国在科技、教育、文化等方面的社会主义建设提供了档案信息资源及参考依据，进一步推动社会发展。档案开放也为公民利用档案信息资源创造了条件，提供了方便，充分体现了公民的民主权利。

其次，档案开放是档案工作的重大转变。由于社会历史原因，档案工作在很长时期处于封闭状态，从而使档案信息资源闭塞。档案开放使档案工作由封闭状态到半封闭状态进而转向开放式状态，同时使档案工作由原来的单一收集、整理等基础化工作方式逐渐转变为适应新时期社会主义现代化建设对档案工作的研究及利用上来，是传统档案工作向现代化档案工作的重大转变。

最后，档案开放有利于推动档案工作的各项业务建设。档案开放使档案工作公开化，有利于档案工作人员相互交流经验，扬长避短，同时对档案的收集、整理、保管等档案业务工作提出了更高要求和标准，进一步推动档案工作系统化、规范化和高效化。

资料窗

《穑月七日档案法令》

《穑月七日档案法令》是法国国民公会于1794年6月25日颁布的一部基本档案法，因颁布日期正好是法兰西共和历二年穑月七日而得名。

该法令进一步明确规定了法国公共档案馆实行开放原则，集中体现了法国档案改革和集中管理档案的思想，是法国档案工作的第一部根本法，也是世界上把档案工作作为一项专门事业进行管理的第一部档案法规。体现档案开放原则的《穑月七日档案法令》也被誉为“档案的人权宣言”。

三、档案开放的方式

1. 档案的解密

依照《各级国家档案馆馆藏档案解密和划分控制使用范围的暂行规定》，各级档案馆保存的涉密档案，其解密工作由各级国家档案馆负责进行。档案解密的一般原则和办法如下。

（1）对形成将满三十年的涉密档案，原档案形成的机关、单位认为仍属国家秘密的，应当自该档案形成届满三十年之日前的六个月，以文件形式通知同级档案行政管理机关和国家档案馆，逾期未通知的，由档案馆进行处置。

（2）各级国家档案馆保存的1991年1月1日前形成的涉密档案，其解密工作，由各级国家档案馆负责进行。

（3）各级国家档案馆保存的1991年1月1日后形成的涉密档案，未接到保密期限变更通知的，自保密期限届满之日起，即自行解密。

（4）各级国家档案馆保存的经济、科学、技术、文化类涉密档案，根据需要认为有必要提前开放的，应当向原档案形成机关、单位发出要求提前解密的通知，有关机关、单位应当在接到通知的六个月内做出答复，未予答复的，档案馆可根据相关规定办理。

（5）原档案形成的机关、单位被撤销或者合并，对其所形成的涉密档案的密级和保密期限做出处理决定的工作，由承担其原职能的单位负责；无相应的承担机关、单位的，由有关档案馆负责。

（6）凡涉及下列内容的档案应控制使用。

1）涉及我党和国家重大问题、重大政治事件尚未做出结论的、不宜公开的，对社会开放会影响党内团结、党政机关工作正常开展的档案。

2）对社会开放有损个人形象、人格尊严和声誉的档案。

3）涉及我党和国家及其领导人与外国政党组织及其领导人之间秘密关系的，对社会开放会影响两党、两国正常关系以及其他对外关系的档案。

4）对社会开放会削弱我国经济、科技实力或使国民经济遭受损失的档案。

5）机关、单位及个人移交、捐赠、寄存档案时明确提出不能开放的档案。

6）其他影响党和国家利益的档案。

2. 档案的公布

（1）档案的公布权

公布档案时应遵守《中华人民共和国档案法实施办法》规定："保存在档案馆的，由档案馆公布；必要时，应当征得档案形成单位同意或者报经档案形成单位的上级主管机关同意后公布。"

"属于集体所有、个人所有以及其他不属于国家所有的对国家和社会具有保存价值的档案，其所有者向社会公布时，应当遵守国家有关保密的规定，不得损害国家的、社会的、集体的和其他公民的利益。"

（2）档案的公布方式

《中华人民共和国档案法实施办法》规定："通过报纸、刊物、图书、音像、电子等出版物发表；通过电台、电视台播放；通过公众计算机信息网络传播；在公开场合宣读、播放；出版发行档案史料、资料的全文或者摘录汇编；公开出售、散发或者张贴档案复制件；展览、公开陈列档案或者其复制件。"

3. 档案的利用

根据《中华人民共和国档案法》规定："档案馆应当定期公布开放档案的目录，并为档案的利用创造条件，简化手续，提供方便。"

凡我国公民和组织持有身份证、工作证、介绍信等合法证明，均可利用已开放档案；凡港、澳、台同胞持有侨务办公室及档案行政管理部门的介绍信，外国人持有外事机构的介绍信，均可利用已开放的档案。

思考与练习

一、名词解释

1. 档案利用

2. 档案开放

二、简答题

1. 举例说明档案提供利用的基本途径。

2. 制发档案复制件的优缺点有哪些?

3. 简述档案咨询服务的步骤。

4. 档案的公布包括哪些方面的内容?

part

10

第十章 档案编研

学习目标

- 了解档案编研工作的内容
- 掌握大事记、组织沿革、基础数字汇编的编写方法
- 了解档案文件汇编、档案文摘汇编、专题概要、全宗指南、会议简介等档案编研形式

档案编研是指对档案材料进行编辑与研究的工作，其目的是为了满足各种社会组织在管理、经营与科技研究等各项工作和活动中对档案的深度利用需要。档案编研是档案利用的高级形式，是对档案信息的深度开发，具有较强的专业性。

本章将主要介绍几种常用的如大事记、组织沿革和基础数字汇编的具体编研方法，并简要介绍其他几种档案编研形式。

第一节 大事记

大事记是按时间顺序，简要记载在一定范围（地区、领域、系统、人物）一定时期的历史发展进程中发生的重大事件、重要活动的档案参考材料。

大事记能够帮助组织的领导和工作人员了解本组织、本地区、本系统的历史发展和主要情况，掌握一些重要问题的来龙去脉，更有效地开展工作和服务；能够为相关研究人员和史志编修人员提供相关的可靠资料；能够为回顾历史、总结经验提供线索和依据。

资料窗

档案编研成果的类型

依据档案信息加工深度的不同，档案编研成果可分为不同类型。主要有以下三种。

一、编纂型

编纂型的档案编研成果是指对现存于各级各类档案馆（室）中的档案材料，按照一定的题目，将档案材料（全录或节录）依次编纂成书，公开或内部出版发行。其基本特点是：注重向利用者提供档案材料的原文，除了必要的删节和对行款格式等进行一些编辑处理之外，并不对原文的内容做任何改动。具体成果形式如档案文件汇编、选编等。

二、编写型

编写型的档案编研成果是指对档案馆（室）藏档案材料的内容，根据一定的题目，进行分析、研究、归纳、综合、浓缩等加工程序而编写成的一种系统的资料，公开或内部出版发行。其基本特点是：既不改变原有档案材料的内容，又不局限于原有档案材料的原文。具体成果形式如大事记、组织沿革、基础数字汇编、专题概要、会议简介、年鉴、文摘、手册、简介、图集等。

三、编撰型

编撰型的档案编研成果是指对档案馆（室）藏档案材料进行深入研究，在此基础上撰写的有一定创见、能成一家之言的学术论文和专著。其基本特点是：向利用者提供有独特见解的成品。具体成果形式如综述、专题述评等。

一、大事记的类型

根据大事记所记载的对象和内容，我国档案馆（室）所编的大事记主要有以下四种类型。

一是记载一个机关在一定时期内重要活动的机关大事记，如《北京 ×× 局大事记（1949—2018）》。企业、事业单位所编持续反映本单位情况的大事记也类似于此种大事记。

二是记载国家或一个地区在一定时期内重大事件的国家或地区大事记，如《四川改革开放 40 周年大事记》。

三是按照一定专题记载国家、一个地区或一个机关在一定时期内某一方面重大事件的专题大事记，如《中华人民共和国经济专题大事记（1949—1984）》。

四是记载重要人物一生重要活动的个人生平大事记（通常又称年谱），如《孙中山年谱》。

资料窗

大事记的名称

大事记的名称有多种叫法，除了称“大事记”，还有称“大事年表”“大事记述”“大事编年”“大事纪要”“纪年”“月表”“日记”等。

二、大事记的选材

编写一部大事记，首先需要确定大事的选择标准和范围。

1. 大事的选择标准

（1）从影响方面分析

全局性、典型性的事件，对现实工作和历史发展有重要影响的事件和活动应作为大事。

（2）从特色方面分析

反映大事记对象的性质、任务、主要职能活动等方面特点的事件和活动应作为大事。

（3）从背景方面分析

在大事记所记述的历史时期中，反映党和国家方针政策，反映本地区、本机关中心工作的事件和活动应作为大事。

2. 大事的选择范围

大事记的选择性要强，要有大事突出性。大事抓牢，小事放弃，记载事件符合准确性、真实性和客观性要求。在编写大事记时，可以从以下几个方面选择大事。

（1）本组织的各种重要会议、重大活动情况。

（2）本组织领导的各种重要活动情况，本组织主要领导成员的任免、奖励情况。

（3）以本组织名义制定的方针政策，发布的规定，做出的重要决定、决议、规划。

（4）本组织的成立、撤销，以及隶属关系、职权范围、内部机构的变动情况。

（5）上级组织或上级领导对本组织的重要指示，以及上级领导到本组织检查工作的重要活动情况。

（6）新闻媒体发表的关于本组织的经验、事故和批评的报道等。

（7）重大成果（如生产上的重大突破、科研上的重大发明创造），经济建设、文化建设、科学技术的重大变革和成就，以及重大公共设施的建设；本组织工作中出现的典型事件、事故。

资料窗

企业大事记选事范围

对于企业来说，大事记的选事范围可以包括以下几个方面。

1. 在企业生产、经营活动第一线直接发生，并与企业生产经营活动全局直接相关的重大事项。例如，工业企业主要产品的变更、改（定）型、研制成功及其鉴定，商品流通企业主要经销商品货源、市场、价格和销量的重大变化，企业重大工程项目、重大技术改造项目的开工和竣工等。

2. 企业所取得的重大业绩和成就。例如，企业盈利、效益、质量、产量等方面上台阶、上等级的重大业绩，企业获得重大奖项以及重要发明和重大科技攻关项目的成功、鉴定与获奖等。

3. 企业产权关系、财务状况等方面所发生的重大事项。例如，企业的兼并与被兼并、收购与被收购、清算与破产，企业发生重大投资行为或参与发起股份公司，企业发生大额债务、大额亏损或资产遭受重大损失，以及股份公司股权结构发生重大变更等。

4. 企业各方面重大决策、重要政策、发展规划、重要规章制度，以及其他重要文件的制定、实施与变更。

5. 企业重要合同、协议的签订。

6. 企业召开的重要会议（如党代会、职代会、董事会等）及其基本情况。

7. 企业主要领导的任免、奖惩及其重要活动，企业内部机构的设置、变动及其职能和业绩的重大变动。

8. 企业发生的重大质量、安全事故和刑事案件，所涉及的重大诉讼事项和其他纠纷。

9. 企业的重要公关活动，如企业重要的涉外活动和广告、宣传活动，报刊、广播、电视等大众传播媒介对企业的重要报道、表扬和批评等。

10. 国家颁布可能对企业的经营活动有显著影响的法律法规、政策、规章，上级主管机关颁发对企业有直接重大影响的文件，上级领导发表与本企业直接有关的重要指示或参与有关活动等。

三、大事记的体例

大事记的体例包括编年体、分类编年体、纪事本末体、编年纪事本末结合体、大事记述体、纪传体等几种类型。

编写大事记一般采用的是编年体，即一事一记，逐年、逐月、逐日地以事件发生的先后为序记述，具体编排有两种方式：一是按照时间顺序记述大事，如《中国反腐倡廉大事记（1978—2010）》；二是根据事件性质分类依照时间记述大事，如《中华人民共和国大事记》，即先分为政治、经济、军事、文化、教育、中外关系六大类，每类下再细分，然后大事按照年、月、日排列。

四、大事记的结构

大事记的结构包括题名、前言、目录、正文、注释等部分。

1. 题名

题名有两种写法：一是综合性大事记，标题由组织名称、时间加“大事记”构成，如《××局 2018 年大事记》；二是专题性大事记，标题则由组织名称、内容项目加“大事记”构成，如《××总公司股份改革大事记》等。

2. 前言

前言又称“编者的话”，是对大事记编写的总说明。前言包括编写大事记的目的、读者对象、指导思想、时间断限、选材标准、材料来源和大事记的结构编排体例等。

3. 目录

在目录中应当列出编年体大事记的年代或历史时期所在页号，或者列出分类编年体大事记的类所在的页号，为帮助读者查找大事条目提供线索。

4. 正文

正文是指系统编排的大事条目，是大事记的主体部分。正文包括大事时间和大事内容，即时间、地点、人物、事件，写作时可参考以下大事记的示例。

2018 年 6 月成都大事记

1 日 《成都市居住证积分入户管理办法（试行）》，成都市 2018 年度居住证积分申报受理正式启动。

2 日 总投资逾两百亿的四个重大项目落户邛崃，四大项目分别为投资 80 亿元的融捷新能源产业项目、60 亿元的比亚迪云巴示范线项目、30 亿元的水井坊邛崃全产业链基地项目和 32 亿元的休斯卫星终端制造项目。

2—3 日 中德农业企业对话研讨会暨第八届成都有机农业论坛在蒲江县举行。

4 日 成都地铁 18 号线一期工程车站主体结构全部顺利封顶。

5 日 简阳市经济社会发展三年行动计划推进会召开，并制定了《支持简阳市经济社会发展三年行动计划（2018—2020 年）》。

6 日 推进中韩创新创业园建设、中以创新创业园及中德创新产业合作平台等重大国际科技合作交流平台建设。

7 日 天府新区最受瞩目地标——“一带一路大厦”方案国际招标评审会在天府新区麓镇举行。

8 日 四川省、中国民用航空局举行成功处置川航 3U8633 航班险情表彰大会，授予机长刘传健“中国民航英雄机长”荣誉称号，授予航班机组“中国民航英雄机组”荣誉称号。

8—10 日 第一届成都国际医美产业大会暨“医美之都”高峰论坛举行，成都市被中国整形美容协会授予“中国医美之都”称号。

9 日 “第二届中国考古学大会”在成都举办。《考古成都——新世纪成都地区考古成果展》在金沙遗址博物馆开展，展览将首次集中展示成都商业街船棺葬、老官山汉墓、江南馆街唐宋街坊遗址等 21 世纪以来成都地区重要考古遗址出土的 300 多件／套文物。

13 日 2018 成都科技治霾国际峰会召开，会议以“协同创新 共享蓝天”为主题，峰会汇聚全球专家智慧，面向世界寻找“科技治霾”新智慧。

14—15 日 “2018 工业互联网高峰论坛”活动在成都举行，论坛以“云·赋动能 智·领未来”为主题。

5. 注释

编写大事记时，对难以理解的记述历史事实的词句可以通过注释的形式加以说明。

五、大事记的编写要求

编写大事记，应坚持实事求是的原则，尊重事实、尊重历史，客观地加以记述。其具体要求如下。

1. 一条一事

在一个条目中着重记述一个事件，不能将若干事件放在一个条目中综述。如果在同一时期内有多件大事要记载，应各立条目；如果同一天有多件大事要记载，可以用一个大事时间，事件分行列出，前面冠以序码或题花做标识，也可以用月日标识时间。

2. 大事突出

大事是指事件涉及的范围较广，影响较大，不仅在当时属于重大事件，而且事后影响也较久、较深刻。如果不区分大事和小事，凡事都记，大事记就变成了流水账，失去其价值。

3. 要事不漏

要事是在一定范围和时间内有较大影响、事后仍有一定参考意义的事。要事有时虽然不是大事，但在发展过程中对大事有重要说明和补充作用。只记大事，不记要事，就会使大事记的内容单一。

4. 真实准确

大事条目不仅要做到基本内容准确无误，而且各种具体事实如时间、地点、人名、数字的记述都应该竭力避免差错，如实反映事件的本来面目。

5. 因果清楚

记述大事时，注意将事件的源头始末等交代清楚，要搞清各种客观事实之间的内在联系，言简意赅地点明此事与其他某事的关系，特别是彼此间的因果关系。

6. 文字简明

记述大事的文字要简约、凝练、清楚，除了表述事实所必需的说明性文字外，一般不使用修饰性和描述性的文字。同时，一般不对事件加以分析评论，做到述而不评。

第二节　组织沿革

组织沿革是指系统地记述和反映某一独立组织的组织机构、人员编制、体制变革等自身发展演变情况的一种档案参考资料，又称组织机构沿革。

组织沿革能够为研究和查考组织的机构和人员发展变化情况提供可靠的参考资料，能够为整理、鉴定档案价值，熟悉立档单位情况，编写全宗指南提供系统的素材，也能够为研究党政机关史、革命史、专业史、地方史提供必要的参考资料。

一、组织沿革的类型

组织沿革主要有机关组织沿革、企业组织沿革、地区组织沿革和系统组织沿革等几种类型。

1. 机关组织沿革

机关组织沿革主要记载一个机关及其内部组织机构和人员的演变情况，如《山东省人民政府组织沿革》。

2. 企业组织沿革

企业组织沿革主要记载一个企业机构机制和人员演变等情况，如《中国水电××公司组织沿革》。

3. 地区组织沿革

地区组织沿革主要记载一定区域内，如省、市、县等所属党、政、群各级组织的设置和变化，如《绵阳市志》。

4. 系统组织沿革

系统组织沿革主要记载一定专业系统（工业系统、农业系统等）所属组织的设置和变化，如《新中国水利系统组织沿革》。

二、组织沿革的主要内容

组织沿革所记载的内容，要根据其职责范围、内设机构情况编写。在组织机构沿革演变中，对日后有一定查考利用价值的有关事项一般包括以下几个方面。

第一，组织（地区或专业系统）的历史概况、建制变更等情况。

第二，组织的性质、任务、职权范围和隶属关系。

第三，组织内部机构的设置和人员编制的变化情况。

第四，组织领导人员的任免情况。

第五，组织名称的更改、办公地点的迁移等情况。

三、组织沿革的体例

组织沿革的编写体例有编年体、系列体和阶段体三种。

1. 编年体

编年体是按照年度记述组织自身发展演变的情况，先将材料按照年度分开，然后在每个年度分别记述各方面的情况。其优点是每个年度的材料集中，自成体系；缺点是每个方面的情况分散于各年度之中，纵向脉络被切断，甚至有些多年无变化的情况按年度反复记述，内容重复。编年体组织沿革如下文所示。

××服装公司组织沿革

2017 年

5 月 25 日，经 ×× 市工商行政管理局批准，×× 服装公司正式成立。公司性质为民办股份有限责任公司。公司地址在 ×× 市 ×× 区中心大厦 C 座 2 层。

公司领导

总经理：×××

副总经理：×××　×××

员工人数：38

机构设置：办公室、人事部、设计部、采购部、生产技术部、财务部

2018 年

……

2. 系列体

系列体是以组织机构或组织建设问题为主线，形成各个系列，在编写时，先按照系列再按照年度顺序分别记述。其优点是能够比较系统地揭示组织机构或组织建设问题各方面的发展脉络，便于读者分项目来了解；缺点是不便于显示各阶段的组织概况。系列体组织沿革如下文所示。

××市××区人民法院组织沿革

(一九九×年十月至二〇一×年十二月)

一、区法院的性质、隶属关系和任务

……

二、区法院机构设置的历史概况

……

三、区法院党政主要领导及群团组织负责人任职概况

……

3. 阶段体

阶段体是根据组织发展变化的特点，将其划分为若干历史阶段，然后在每个阶段中分别记述各方面的情况。这种体例在一定程度上吸收了上述两种体例的优点。采用这种体例要正确划分阶段，在每个阶段可以分别采用不同的结构和记述方式，如可以在阶段下直接按时间顺序来记述，也可以根据实际状况在阶段下先分系列，再在系列下按时间顺序来记述。阶段体一般适用于公司组织沿革。

四、组织沿革的结构

1. 封面

(1)标题

标题由组织沿革的总标题、记述的时间范围、编者构成，如《×××局组织沿革(2000—2017年)》。

(2)编制单位

编写单位应写全称，如北京市人力资源和社会保障局。

(3)编印日期

编印日期使用汉字写全称，如二〇一九年十二月三十日。

(4)其他需注明事项

凡属“内部印发”“秘密”等注意事项，应在封面左上角标识。

2. 编写说明

说明编写的原因、目的、任务、用途，选编范围和取材标准，存在问题等有关说明。

3. 目录

目录由序号、题名、页号组成，要求按时间顺序或专题顺序编制。

4. 正文

正文可采用编年体、系列体、阶段体编写。主要内容包括：本组织历史概况，行政区域和建制的变更，组织名称的演变，组织建立、撤销或合并的时间、原因，组织的隶属关系、性质任务和职权范围，领导人员的变动以及编制扩大或缩小，内部机构设置和办公地址迁移等。

5. 附录

附录用于补充说明正文所涉及的有关材料，如图片、复制件等。

五、组织沿革的编写要求

1. 真实可靠

组织沿革中所采用的材料必须经过考证，确保其真实性；所记载的情况与客观事实相一致，实事求是。

2. 全面完整

组织沿革要全面完整地反映整个组织发展沿革的全貌，不能漏记或不记应记述的内容。

3. 清晰简明

组织沿革应根据实际状况采用合适的体例和结构，以求脉络清晰，同时做到语言规范、文字简练。

第三节　基础数字汇编

基础数字汇编是以统计数据的形式来反映某一单位、企业、地区、系统的整体情况或某一情况的参考资料。基础数字汇编材料简单明了，内容集中、形式多样，因此也是了解情况、研究问题、制订计划、指导工作和总结经验的不可缺少的依据和参考。

一、基础数字汇编的类型

1. 综合性统计数字汇编

综合性统计数字汇编是系统地反映某一单位、某一地区、某一专业系统全面情况的基础数字汇编，如《××县基础数字汇编》，包括土地面积、人口统计、工农业生产、文化教育等内容。综合性统计数字汇编范围广、篇幅长。

2. 专题性基础数字汇编

专题性基础数字汇编是系统地反映某一方面基本情况的基础数字汇编，如《××县农业基础数字汇编》。专题性基础数字汇编相对而言范围较小，可根据需要确定专题的范围和内容。

上述分类主要是根据数字所反映的内容范围划分的。此外，根据数字所反映的空间范围，可分为一个地区的基础数字汇编、一个系统的基础数字汇编、一个单位或一定范围的基础数字汇编等；根据数字所反映的时间范围，可分为一年的基础数字汇编、多年的基础数字汇编、某一阶段的基础数字汇编等。

二、基础数字汇编的结构

基础数字汇编如果印制成书册式的单行本形式，一般由封面、编写说明、目录、正文、附录等部分组成。

1. 封面

封面由标题、编制单位、编印日期等组成。其中标题由基础数字汇编的总标题、记述的时间范围、编者构成，如《×××学校基础数字汇编（1998—2018年）》；编印日期要用中文写全称（大写）。凡属“内部印发”“秘密”等注意事项应在封面左上角标识。基础数字汇编封面示例如图10-1所示。

2. 编写说明

编写说明置于封面之后，主要说明编写的原因、目的、任务和所编材料的用途，阐述选编范围和取材标准、存在问题等有关说明。

3. 目录

目录是按专题或时间顺序编排，由序号、题名、页号组成。基础数字汇编目录示例如图10-2所示。

××市档案馆基础数字汇编
（1995—2018年）

××市档案馆
二〇一九年十月

图 10-1　基础数字汇编封面

目　　录

图 10-2　基础数字汇编目录

4. 正文

正文由有关的数字和文字通过一定的形式组合而成，是基础数字汇编的主体，主要是各种数量概念和数量关系，通常称为数列。

5. 附录

附录是与正文内容有关的图片、照片或文字等。

基础数字汇编如果作为其他作品正文组成部分或附录，整体结构比较简单，通常由总标题、编制说明和正文三个部分组成，偶尔有注释。

三、基础数字汇编的形式

1. 文字叙述式

文字叙述式基础数字汇编就是用文字叙述的方法来记述和说明各种数列的客观内容、相互关系以及有关事项。其优点是便于表达各种关系，便于阅读和口头陈述。文字叙述式基础数字汇编由标题、前言、数列和说明四个部分构成。

标题又称汇编名称，由单位、内容和名称三个部分组成，概括了汇编反映的内容。前言主要是简要介绍汇编的主要内容涉及的空间和时间断限、材料的来源和完整准确程度。数列由统计对象（即数列标题）、时间或空间范围、统计指标（统计对象所含的方面）、统计数值组成。说明则是简要说明本汇编所需说明的问题。

2. 表格式

表格式基础数字汇编就是用列表的方法来记述和说明各种数列的客观内容、相互关系，见表 10–1。表格式基础数字汇编在各种基础数字汇编中应用最为广泛，其优点是数列条理清楚，信息容量大，可处理较复杂的比较关系。

表 10–1　　××第二医科大学教职工人数（2019 年）

	专任教师	教辅人员	行政人员	工勤人员	科研机构人数	校办工厂农林职工数	其他附设机构人数	合计
教授	58	—	3	—	1	—	—	62
副教授	83	—	9	—	4	1	—	97
讲师	78	1	5	—	5	—	1	90
助教	71	—	1	—	3	—	1	76
高级职称	14	—	3	—	4	1	—	22
副高级职称	20	19	16	—	12	—	3	70
中级职称	54	81	92	2	14	33	32	308
初级职称	33	97	60	—	6	36	47	279
无职称	33	20	25	39	8	40	238	403
合计	444	218	214	41	57	111	322	1407

3. 图示式

图示式基础数字汇编就是以形象直观的图形来表示一定的数列内容及其相互关系，如图 10-3 所示。其优点是形象直观，一目了然。常见的图示式基础数字汇编有柱形图、条形图、折线图和饼图等，见表 10-2。

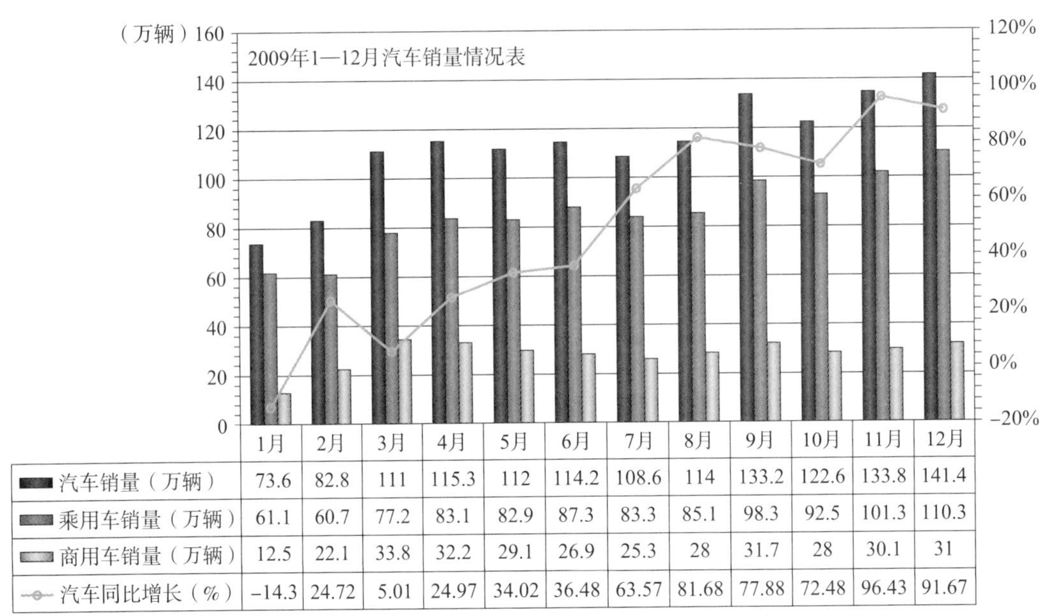

	1月	2月	3月	4月	5月	6月	7月	8月	9月	10月	11月	12月
汽车销量（万辆）	73.6	82.8	111	115.3	112	114.2	108.6	114	133.2	122.6	133.8	141.4
乘用车销量（万辆）	61.1	60.7	77.2	83.1	82.9	87.3	83.3	85.1	98.3	92.5	101.3	110.3
商用车销量（万辆）	12.5	22.1	33.8	32.2	29.1	26.9	25.3	28	31.7	28	30.1	31
汽车同比增长（%）	-14.3	24.72	5.01	24.97	34.02	36.48	63.57	81.68	77.88	72.48	96.43	91.67

图 10-3　图示式基础数字汇编

表 10-2　　常见的图示式基础数字汇编

名称	含义	图示
柱形图	柱形图将项目分类放在水平轴、项目值放在垂直轴上，图形中的项目分类垂直于水平轴形成柱状。柱形图主要用于显示一段时间内的数据变化或说明项目之间的比较结果	
条形图	条形图和柱状图具有某种相似性，但是垂直轴表示项目分类，水平轴表示项目数值。条形图显示了各个项目之间的比较情况，主要强调各个数值之间的比较而并不将时间列为主要参考对象	

续表

名称	含义	图示
折线图	折线图将引起数据发生变化的因素（如时间等）按单位间距放在水平轴上，将与之对应的数值放在垂直轴上。折线图适用于显示数据的变化情况和趋势	
饼图	饼图的基本形状是一个圆形，在其中根据项目类型和数值划分若干扇区。这种图形仅显示一个数据系列，强调突出了某个重要元素。饼图特别适用于显示组成数据系列的项目相对于项目总数的比例大小	

四、基础数字汇编的编写要求

1. 在材料选择上要充分利用档案中的原始统计报表或财务报表，以确保所选材料的准确性。

2. 在统计数据上要确保统一和准确，不统一的数据要进行换算。对于统一数据换算等情况，要用文字记述加以说明。

3. 选题要具有典型性，涉及的年限、数据体系要具有代表性。

4. 要根据实际工作的变化和统计内容的变化，及时调整所选用的有关统计数据，以确保数字汇编的实用性，全面、准确地反映单位的客观情况。

第四节　其他档案编研形式

一、档案文件汇编

档案文件汇编的内容可以是中华人民共和国成立前形成的历史档案，也可以是中华人民共和国成立后的各类型档案。前者通常被称为档案史料汇编，如《中国历代土地资源史料汇编》；后者则被称为现行档案文件汇编，如《党的十一届三中全会以来共青团重要文件汇编》。在档案工作中，主要是针对现行档案文件进行汇编。

现行档案文件汇编主要包括以下几种。

1. 法规文件汇编

法规文件汇编分为综合性法规汇编和专题性法规汇编，一般应由有权制定法规的机关进行编辑，具有权威性、准确性和资料性等特点。综合性法规汇编如《建国以来重要文献选编》，专题性法规文件汇编如《中国加入世贸组织法律文件（中英文对照）》。

2. 重要文件汇编

重要文件汇编是指方针政策性和领导指导性的文件汇编，如《十一届三中全会以来经济体制改革重要文件汇编》。

3. 发文汇编

发文汇编是指将本单位或机关在职能活动中形成的原始文件，或者将原始文件复制件汇集装订起来，按发文字号排列汇编成册的一种一次加工档案编研成果。

4. 专题汇编

专题汇编是指将集中反映同一问题的文件汇编成册的一种一次加工档案编研成果。专题汇编形式多样，可以根据不同的专题、不同的表达方式编制成多种形式的专题汇编，如《全国中草药汇编》。

5. 会议文件汇编

会议文件汇编一般由召开会议的机关编制，如《××学校教师代表大会历次文件汇编》。

6. 公报、政报

公报、政报主要是指有关方针政策的规定性和领导指导性文件（正式文件）汇编，如《中华人民共和国国务院公报》。

二、档案文摘汇编

档案文摘汇编是将根据一定的需要和确定的题目收集的档案文献，按照一定的体例和要求加工编排而形成的具有内在联系的文献集合体。档案文摘汇编具有信息密度高、容量大、报道及时的特点，是一种档案的二次文献形式，有时可以作为检索工具。

常见的档案文摘汇编的主要类型包括学术论文文摘汇编、科技成果文摘汇编和专题档案文摘汇编，如图 10-4 ~ 图 10-6 所示。

图 10-4　学术论文文摘汇编

图 10-5　科技成果文摘汇编

图 10-6　专题档案文摘汇编

三、专题概要

专题概要是指简明扼要地记述、说明某一方面的工作、生产或其他社会现象和自然现象产生、发展、变化情况的一种档案参考资料，如《××市旅游业专题资料》《××市煤矿资源分布情况》等。

专题概要的类型主要有产品、工程设备、科技项目简介，如《××大学科研成果简介》；地区（机关）综合情况简介，如《××市概况》；专门问题简介，如《××县中小学教育概况》等。

四、全宗指南

全宗指南可使有关的机关、团体和个人了解某一立档单位的历史、全宗的历史以及全宗内档案材料的主要内容和成分。全宗指南能为科学研究和工作查考提供所需档案的线索；也能够帮助档案工作人员熟悉档案内容，更好地开展档案的整理、鉴定、检索，提高科学管理水平，提供利用、编研、对外宣传报道的便利。

五、会议简介

会议简介是将会议的全过程简明扼要地记述，从而反映出会议基本情况的一种参考资料。党政机关、企业、事业单位在工作中经常要查考会议的档案材料；筹备新的会议之前，先行查阅以往有关会议的档案材料，能够收到事半功倍的效果。

会议简介的主要内容包括召开会议单位、会议名称、地点、时间、主持人、参加人员、讨论问题与贯彻执行情况等。

思考与练习

一、名词解释

1. 档案编研

2. 大事记

3. 组织沿革

4. 基础数字汇编

二、简答题

1. 简述大事记的选择范围。

2. 编写大事记时要注意哪几个方面的内容?

3. 组织沿革的体例包括哪几种类型? 各有什么特点?

4. 简述基础数字汇编的形式。

part

11

第十一章 档案登记与统计

学习目标

- 了解档案登记的基本概念
- 掌握档案登记的内容
- 了解档案统计的基本概念
- 掌握档案统计的要求和步骤

为提高机关档案科学管理水平，档案馆（室）都应建立登记与统计工作制度，把档案登记与统计工作纳入档案馆（室）工作细则之中。每次接收、移出和销毁档案都要及时进行登记和统计，做到“家底”清楚，“账目”与实物相符。档案登记是档案统计的基础，档案登记成果是档案统计的重要素材，两者之间的关系极为紧密。

第一节 档案登记

档案登记是指利用簿、册、表、单等形式，对档案的接收、移交、鉴定、保管、利用、销毁等情况进行随时随地的记载工作。档案登记可分为档案状况登记和档案工作登记。

一、档案状况登记

档案状况登记是对档案的数量、存在与保管状态、变化情况进行的登记。档案登记的具体形式包括以下几种。

1. 案卷与卷内文件登记

案卷与卷内文件登记形成的案卷目录与卷内文件目录在档案管理中具有多重性质和作用，它们是最基本的登记记录，反映着档案的数量、存在与保管状态。案卷目录记录每一个案卷的基本情况，卷内文件目录记录每一份档案文件的基本情况，这两种目录记录着所有案卷及文件的总数量与总体秩序和状态。案卷目录和卷内文件目录的登记格式分别见表 8–4、表 11–1。

表 11–1　　卷内文件目录格式

顺序号	责任者	文号	文件题名	文件日期	所在页号	备注

2. 档案接收登记

档案接收登记专门记录档案进入规模较大的档案馆（室）的情况。它以档案进入的次数为单位进行登记，即每接收一次，都要登记一个条目。档案接收登记簿见表 11–2。

表 11–2　　档案接收登记簿

顺序号	收进日期	移交单位	文据（名称、日期、号数）	全宗（或一部分）名称	所属年度	数量		档案状况简要说明	全宗号	备注
						案卷	m			

3. 档案成分和数量变化情况登记

档案成分和数量变化情况登记是指档案馆（室）为向档案行政管理机关报送登

记情况而进行的登记，旨在报告现所管档案（以全宗为单位）的变化情况。档案成分和数量变化情况报告表见表 11–3。

表 11–3　　档案成分和数量变化情况报告表

<table>
<tr><th rowspan="3">全宗号</th><th rowspan="3">全宗名称</th><th colspan="2">新收进</th><th colspan="2">移出</th><th colspan="3">2019 年 12 月 31 日全宗内档案总数</th><th rowspan="3">备注</th></tr>
<tr><th rowspan="2">组织机构（类别名称）</th><th rowspan="2">年度</th><th rowspan="2">组织机构（类别名称）</th><th rowspan="2">年度</th><th colspan="2">已整理编目</th><th rowspan="2">未整理编目（m）</th></tr>
<tr><th>卷</th><th>m</th></tr>
<tr><td></td><td></td><td></td><td></td><td></td><td></td><td></td><td></td><td></td><td></td></tr>
<tr><td></td><td></td><td></td><td></td><td></td><td></td><td></td><td></td><td></td><td></td></tr>
</table>

注：“m”为排架长度。

4. 全宗名册登记

档案馆和规模较大且保管了多个全宗的档案室，对其现所管全宗进行逐个登记时需要使用全宗名册。全宗名册见表 11–4。

表 11–4　　全宗名册

全宗号	初次入馆日期	全宗名称	移出说明	备注

5. 全宗单登记

全宗单用于详细登记每一个全宗，主要用于档案馆和保存较多全宗的档案室，其形式为单页。每一张全宗单登记一个全宗的详细情况，且登记内容要比全宗名册详细得多。全宗单见表 11–5。

表 11–5　　全宗单

全宗名称的起止日期	全宗名称	全宗初次入馆日期	全宗卡片报送情况	档案检索工具及其编制说明	旧全宗号	备注

6. 案卷目录登记

案卷目录登记是指档案馆（室）以案卷目录的本、册为单位，对所有全宗案卷目录进行的登记。每一本、册案卷在案卷目录登记簿上登记为一个条目。案卷目录登记簿见表 11–6。

表 11–6 案卷目录登记簿

序号	全宗号	目录号	目录名称	所属年度	案卷数量	目录页数	目录份数	移出说明	备注

7. 档案总登记

档案总登记能够全面系统地记录反映档案的收进、移出及数量变化情况。档案总登记簿见表 11–7。

表 11–7 档案总登记簿

<table>
<tr><th rowspan="2">案卷目录号</th><th rowspan="2">案卷目录名称（组织机构名称）</th><th rowspan="2">所属年度</th><th colspan="3">案卷收进</th><th colspan="4">案卷移出 / 销毁</th><th colspan="2">目录中现有数量</th><th rowspan="2">备注</th></tr>
<tr><th>收进日期</th><th>目录中案卷数量</th><th>实收数量</th><th>移出日期</th><th>移往地点</th><th>移出原因和文据</th><th>移出数量</th><th>卷</th><th>m</th></tr>
<tr><td></td><td></td><td></td><td></td><td></td><td></td><td></td><td></td><td></td><td></td><td></td><td></td><td></td></tr>
<tr><td></td><td></td><td></td><td></td><td></td><td></td><td></td><td></td><td></td><td></td><td></td><td></td><td></td></tr>
</table>

二、档案工作登记

档案工作登记是指对档案工作过程中的重要情况和工作行为、事实、数据进行的登记。档案资源开发和提供利用情况是档案工作登记的重点内容。

1. 档案出入库登记

这是档案借阅登记的辅助手段，也是档案库房管理的具体手段。档案出、入库登记簿放置在库房入口或库房中的固定位置，只要发生档案调出或归入，均应进行登记。档案出库登记簿见表 11–8。

表 11-8　　档案出库登记簿

出库日期	出库时间（时刻）	档号	数量	原因（用途）	经办人	备注

2. 档案清点、检查登记

档案清点、检查登记是指在对档案进行定期或不定期的清点、检查过程中，以及清点、检查完毕之后所进行的档案登记。档案清点、检查登记簿见表 11-9。

表 11-9　　档案清点、检查登记簿

日期	清点、检查原因	过程	所发现的问题	结论	经办人	备注

3. 档案借出登记

档案被借出档案机构时需要进行档案借出登记，并填写档案借出登记簿。此登记簿档案馆和档案室均可使用，具体见表 9-2。

4. 档案利用登记

档案利用登记是一种全面系统地记录档案提供利用情况的综合性登记。它既是档案机构记录、掌握提供利用情况的一种登记形式，同时又是档案机构向利用者具体提供档案时履行交接手续的一种交接凭据。其中，档案利用效果登记实质上是档案机构对每一次利用的成果所进行的跟踪调查。这种登记是对档案利用效果的一种信息反馈，对于档案机构调整、改进自己的工作具有重要意义。档案利用登记簿见表 11-10。

表 11-10　　档案利用登记簿

日期：　年　月　日

单位		姓名		案卷及文件题名	
利用目的					

续表

利用效果	

5. 档案销毁登记

档案销毁登记是对经过鉴定，被批准同意销毁的档案及其销毁过程进行的登记。档案销毁登记簿见表 6-1。

第二节　档案统计

档案统计是指以表册、数字等形式，揭示档案和档案工作的有关情况。它是档案管理工作的重要组成部分，它的基本任务就是对档案和档案工作的开展情况进行统计调查、统计分析，提供统计资料，实行统计监督。

一、档案统计的类型和形式

1. 档案统计的类型

从统计对象来看，包括对档案实体及其管理状况的统计，以及对档案事业的组织与管理状况的统计两大类型。

从统计范围来看，包括全国档案工作基本情况统计，专业系统档案工作情况统计，地方（包括省、市、地、县各级）档案工作基本情况统计，档案馆、档案室档案工作情况统计。

2. 档案统计的形式

档案统计主要有两种形式：一种是专门调查统计，另一种是基本情况统计报表。

专门调查统计是指根据特殊需要制发专门表格，单独对某一方面的档案工作和情况进行调查统计。专门调查统计的选题和调查项目应根据工作的需要具体确定。

基本情况统计报表则是指依据随着档案馆统计工作的发展所建立起来的档案馆工作制度，制定的一整套统一的档案馆基本情况统计报表。

二、档案统计的要求

档案统计的要求包括基本要求和专业要求两个层次。

1. 基本要求

（1）坚持重要性原则

主要体现在对统计对象及其统计项目的选择确定上。统计对象和统计项目应有相当程度的重要性，或者应有对其进行统计的必要性。

（2）坚持可量化原则

实施档案统计的重要领域及其重要因素，必须是可进行量的描述与量化研究的。

（3）坚持科学化原则

档案统计的一切方法、环节及其结果应尽量符合及反映客观实际。

（4）坚持真实性原则

档案统计所获取的各种原始数据及其整理、分析出来的数据、结果必须真实可靠，具有客观真实性。

（5）坚持规范化、体系化、制度化原则

2. 专业要求

首先，统计对象应选择确定足以反映档案工作整体状况的关键性因素。例如，档案，档案工作人员，档案工作机构的数量、质量、状态、发展变化趋势；档案工作的设备、经费、水平与状况、社会效益；档案被利用的情况、在社会中发挥作用的情况等。

其次，具体统计项目（指标）的设置、统计方法的使用上应力求对上述各方面情况有精确具体的描述。例如，档案数量的计量单位，在使用传统的“卷”的同时，还可以使用“m”，这样能够较精确具体地反映其空间占用状态，为解决库房、装具的配备提供具体的数量概念。

最后，根据档案工作量大、工作周期长，各档案机构情况复杂、差别较大且独立性较强等特点，适当控制档案统计的规模、类型及频率。

三、档案统计的步骤

1. 明确档案统计的目的和任务

这是为了发现本机构档案管理工作中存在的问题，得出既定性又定量的正确结论，以便为采取措施解决问题和制定改进工作决策提供科学依据。

2. 确定档案统计的指标

档案统计指标是指反映档案工作领域中总体现象的数量概念和数值，由指标名称和指标数值两个部分组成。档案工作中应当根据统计的目的、任务来确定统计指标。统计指标数值一般使用绝对数、相对数和平均数三种。

确定档案统计的指标时要坚持以下原则：第一，档案统计指标必须与档案工作中一定的数量表现联系在一起；第二，档案统计指标要注意统一性和稳定性；第三，档案统计指标要具有可比性；第四，档案统计指标运用平均数时必须遵循总体同质性的原则，即必须是同类现象才能使用平均数。

3. 调查获得档案统计指标的数值

调查获得档案统计指标的数值时应根据已经确定的统计指标，从有关的簿册、表格中获取统计指标数据。

4. 分析档案统计指标

分析档案统计指标是对统计指标数值进行分析、研究，从中发现趋向性和规律性的变化，进而形成明确的统计结论。

5. 撰写档案统计分析报告

将统计分析结果撰写成档案统计分析报告，报告中应当说明报告的目的、统计数据的来源、统计分析的要点，列出统计表，然后得出统计结论。统计分析报告应呈送有关领导，为其决策提供信息支持。

思考与练习

一、名词解释

1. 档案登记

2. 档案统计

二、简答题

1. 简述档案状况登记的内容。

2. 档案统计的要求是什么?

3. 简述档案统计的工作步骤。

part

12

第十二章 专门档案管理

学习目标

- 了解科技档案的特点、类型及基本管理方法
- 了解人事档案的类型，掌握其归档范围和归档要求
- 了解会计档案的主要类型以及企业会计档案的保管期限
- 掌握音像档案的类型和保管要求
- 熟悉电子档案的来源、类型和特点，掌握电子档案的管理方法

专门档案是指机关、企业、事业单位及其他社会组织，在从事某些业务性较强的工作中，为了实现相关职能目标而形成和使用的，具有查考、利用和保存价值并按照专门的管理办法整理归档的各种载体形态的历史记录。专门档案主要包括科技档案、人事档案、会计档案、音像档案和电子档案等。

第一节　科技档案管理

科技档案，即科学技术档案，它是社会组织及个人从事生产、科研、基建及管理活动形成的对国家和社会具有保存价值的应归档保存的科技文件材料。这些科技

文件材料主要是记录和反映生产、科研、基建、设备及管理活动的文字、图表和音像等不同形式的技术文件。

一、科技档案的特点

与其他类型的档案相比，科技档案在专业性、类型丰富性以及档案内部关系等方面具有显著的特点。

1. 专业性强

科技档案形成于特定的专业技术领域，是相应的专业技术活动的记录和产物，集中反映了特定专业的科技内容及相关的科技方法和手段。

2. 类型多样

档案材料的类型是由它所记载的社会实践活动的内容和方式决定的。社会中的科技活动涉及的领域十分广泛，科技手段也相对复杂，这决定了科技档案类型的多样性。科技档案是专门档案中类型最为多样的一种档案。

3. 档案内部关系密切

科技档案材料之间的关系比较密切，大大超过其他类型的档案，这是由科技、生产活动的特点决定的。科技、生产活动往往是以一个独立的项目或某一特有的对象为中心进行的，所形成的档案材料是一整套。例如，工程档案是围绕一个工程项目形成一系列相关的科技文件，记载和反映了该项目的全部过程和成果，构成了一个反映该项目全部活动的文件整体。

二、科技档案的类型

科技档案包含的档案材料十分丰富，按不同标准可以划分为多种类型，具体见表 12–1。

表 12–1　　科技档案的类型

分类标准	类型	说明
信息载体与表达形式	科技图样	是按国家规定的制图标准，绘制在一定载体平面上的表示物体、建筑物、构筑物的形状、结构、大小或其他自然现象的几何图形 按其产生领域可划分为机械图样、建筑图样、地质图样、气象图样、农业图样、测绘图样、天文图样、水文图样、地震图样等 按绘制手段、制成材料和用途的不同，可划分为草图、原图、底图、副底图、复印图、空白图等

续表

分类标准	类型	说明
信息载体与表达形式	科技目录和表格材料	用表格形式填入文字和数字而形成的一种科技文件材料
	科技文字材料	用文字、数据及其他符号来表示和传递科技信息，记录科技活动及其成果的科技文件材料
	科技音像材料	在科技活动中形成的照片、影片和录像等视听型的文件材料
专业领域	工业生产技术档案	在工业产品的设计、研制和生产、制造活动中形成的科技档案。其显著特点是以型号成套，一般包括技术任务书、设计和研制文件、工作图（底图和蓝图）、工艺文件、检验文件、定型和总结文件等
	农业科技档案	在农林牧渔各行业的生产技术活动中形成的科技档案。农业科技档案类型繁多，综合性较强，包括种子档案、作物栽培档案、植物保护档案、林业档案、畜牧档案、水产档案及农业生态环境和农业区划档案等
	基本建设档案	各种建筑物、构筑物、地上地下管线等基本建设工程所形成的科技档案。特点是以工程项目成套，一般包括可行性研究报告、任务书、设计文件、工程管理文件、施工文件、竣工文件、生产技术准备文件以及其他资料等
	设备仪器档案	各种器械设备和仪器仪表的档案材料。其特点是以型号成套，主要有外购设备档案、自制设备档案等
	科技研究档案	在自然科学技术研究活动中形成的具有保存价值的文字、图表、数据、音像等各种形式和载体的文字材料。其基本特点是以课题成套，一般包括课题论证和文献综述、基金申报文件和任务书、协议书、研究计划和设计方案、试验大纲和各种原始记录、研究报告或论文专著、课题工作总结和经费决算、成果验收鉴定和评审文件、成果申报文件、奖励文件、专利文件、推广应用方案、技术转让合同等
	专门技术档案	在某些专门技术活动中形成的科技档案，如地质档案、水文档案、气象档案、测绘档案、天文档案等
记录媒介	科技电子档案	是计算机应用于科技生产活动后的产物，指能被计算机系统识别、处理，按一定格式存储在磁带、磁盘或光盘等介质上，并可在网络上传递的数字代码序列，包括各种类型的图像文件、图形文件、数据文件、文字处理文件、程序文件等
	科技纸质档案	采用传统纸张记载科技信息而形成的各种科技材料

三、科技档案的收集

收集是科技档案工作的基础，是保证科技档案完整、准确、系统、安全的重要前提。

1. 科技档案收集的基本要求

基层档案部门在进行科技档案的收集时，一要注意在国家法律法规的指导下进行收集，遵循集中统一管理的原则；二要遵循科技档案的自然形成规律，确定适当的收集归档制度；三要保证科技档案的质量，保证科技档案的完整、准确和系统。

2. 科技档案收集的基本方法

科技文件往往分散在相关的业务部门或人员手中，档案工作人员在日常工作中一般不参与科技活动，因此收集科技档案会存在一些困难。为解决这一问题，档案管理部门应采用相应的方法保证档案能够及时收集。

（1）建立与单位情况相适应的科技档案制度，保证科技档案管理秩序。首先，应明确将科技档案的收集与基建、生产、科研、设备管理活动同步进行；其次，各业务部门要将科技档案的收集纳入计划管理；再次，明确基建、设备、科研等业务部门的岗位职责，即把科技档案的收集、积累、移交、归档列入该部门的职责范围，并落实责任到人；最后，根据单位的具体情况和各种科技活动的特点，明确各类科技档案的收集与归档范围。

（2）在科技活动开始之前的筹备、申报等工作中，档案管理部门和工作人员应对科技档案的数量、质量、立档单位、移交时间等提出明确要求，作为科技档案接收时的依据。

（3）在科技项目或工作正式运作过程中，档案管理部门和工作人员应负责组织、监督和检查有关单位（如勘察、设计、施工、监理等单位）科技档案的形成、积累、整理、移交工作，做到边施工、边收集、边整理。

（4）在科技项目或工作结束之后，档案管理部门和工作人员应参与到科技成果的评审、检查和验收等工作中，对与科技成果相关的档案材料及时进行收集。

（5）档案工作人员应参加新购各类设备的验收工作，履行签字手续，并对现场形成的文件材料和设备开箱后的随机材料进行现场收集。

四、科技档案的归档要求

1. 归档文件材料要求

（1）归档的文件材料应为原件。

（2）归档的文件材料内容必须齐全、完整、准确和系统。

（3）文件材料应采用耐久性强的书写材料书写，不得使用易褪色的书写材料，否则必须复印。

（4）文件材料应字迹清楚、图样清晰、图表整洁，签字盖章手续完备。

（5）图样应折叠或使用 A4 纸张，所有竣工图均应在图标栏上方空白处加盖竣工图章，竣工图章应使用不易褪色的红印泥。

（6）组卷所用的各种目录、表格、封面（盒底）、卷盒一律采用符合档案行业标准的产品。

2. 归档时间要求

（1）基建档案

工程前期文件（依据性、基础性文件）在工作完成后一次性归档。施工、监理、竣工文件视工程规模确定归档时间，规模较小的工程可在竣工验收后三个月内一次性立即归档，规模大、周期长的工程可在通过单项验收后归档。

（2）设备仪器档案

大型设备仪器应在安装、调试成功，交付使用时归档；小型设备仪器开箱验收时即可归档。

（3）科研课题档案

一般来说，科研课题档案在研究结束并完成成果鉴定后归档。研究周期长的课题可按阶段归档或按年度归档。

（4）产品工艺档案

产品工艺档案一般应在产品定型验收、正式投产时归档，也可视周期长短分阶段归档。

3. 归档份数要求

基建档案一般不少于两套，一套（原件）由建设单位保管，另一套（原件）移交当地城建档案馆。其他档案一般归档一套，较重要的和利用频繁的文件材料可根据实际情况增加归档份数。

4. 归档手续要求

档案交接时，应编制移交清单，一式两份，交接双方签字、盖章后方可交接。

第二节 人事档案管理

人事档案是一种专门档案，是在组织建设、人事管理、人才服务等工作中形成的、反映个人政治品质、道德品行、思想认识、学习工作经历、专业素养、工作作风、工作实绩、廉洁自律、遵纪守法以及家庭状况、社会关系等情况，以个人为单位集中保存起来以备查考的文字、表格以及其他形式的历史记录材料。

一、人事档案的特点与作用

人事档案具有真实性、全面性、动态性和保密性的特点。真实性是指人事档案材料的来源、内容以及形式必须符合实际，能够客观反映当事人的基本情况，这是人事档案最重要的特征；全面性是指人事档案能够概括反映当事人各方面的信息，为了解当事人提供比较完善的信息；动态性是指档案内容会随着当事人的工作与生活情况发生变化；保密性是指人事档案往往会涉及当事人的个人或家庭隐私，甚至会涉及单位或国家的秘密，因此在提供利用时必须做好保密工作。

人事档案的作用主要体现在以下几个方面：一是能够帮助了解、考察员工，作为对其进行基本评价的依据；二是能够作为解决当事人个人问题的凭证；三是为澄清历史事实、编写人物传记以及专业史料提供宝贵的素材。

二、人事档案的类型

我国的人事档案往往根据当事人身份分为学生档案、工人档案、干部档案和军人档案四大类，主体是干部档案和工人档案，这里主要介绍干部档案。

“干部”是源于日语的外来词，在我国主要是指在党政机关、军队、人民团体、科学、文化等部门和企业、事业单位中担任一定公职的人员。随着我国人事管理制度改革和公务员制度的推行，“干部”的内涵发生了很大的改变，现主要指在行政机关中担任一定的领导工作或管理工作的人员。因此，“干部档案”的内涵也发生相应的变化。

《干部人事档案工作条例》适用于党政领导干部、机关公务员、参照公务员法管理的机关（单位）工作人员（工勤人员除外），国有企业、事业单位领导人员、管理人员和专业技术人员的人事档案管理工作。各级组织、人事部门对所管理的干部都要建立干部档案。以其入党、入团，录用、聘用，中学以来的学籍、奖惩和自传等材料为基础，建立档案正本，并且负责管理。

三、人事档案的归档范围

1. 履历类材料

主要有《干部履历表》和干部简历等材料。

2. 自传和思想类材料

主要有自传、参加党的重大教育活动情况和重要党性分析、重要思想汇报等材料。

3. 考核鉴定类材料

主要有平时考核、年度考核、专项考核、任（聘）期考核，工作鉴定，重大政治事件、突发事件和重大任务中的表现，援派、挂职锻炼考核鉴定，党组织书记抓基层党建评价意见等材料。

4. 学历学位、专业技术职务（职称）、学术评鉴和教育培训类材料

主要有中学以来取得的学历学位，职业（任职）资格和评聘专业技术职务（职称），当选院士、入选重大人才工程，发明创造、科研成果获奖、著作译著和有重大影响的论文目录，政策理论、业务知识、文化素养培训和技能训练情况等材料。

5. 政审、审计和审核类材料

主要有政治历史情况审查，领导干部经济责任审计和自然资源资产离任审计的审计结果及整改情况、履行干部选拔任用工作职责离任检查结果及说明，证明，干部基本信息审核认定、干部人事档案任前审核登记表，廉洁从业结论性评价等材料。

6. 党、团类材料

主要有《中国共产党入党志愿书》、入党申请书、转正申请书、培养教育考察，党员登记表，停止党籍、恢复党籍，退党、脱党，保留组织关系、恢复组织生活，《中国共产主义青年团入团志愿书》、入团申请书，加入或者退出民主党派等材料。

7. 表彰奖励类材料

主要有表彰和嘉奖、记功、授予荣誉称号，先进事迹以及撤销奖励等材料。

8. 违规违纪违法处理处分类材料

主要有党纪政务处分，组织处理，法院刑事判决书、裁定书，公安机关有关行政处理决定，有关行业监管部门对干部有失诚信、违反法律和行政法规等行为形成的记录，人民法院认定的被执行人失信信息等材料。

9. 工资、任免、出国和会议代表类材料

主要有工资待遇审批、参加社会保险，录用、聘用、招用、入伍、考察、任免、调配、军队转业（复员）安置、退（离）休、辞职、辞退，公务员（参照公务员法管理人员）登记、遴选、选调、调任、职级晋升，职务、职级套改，事业单位管理岗位职员等级晋升，出国（境）审批，当选党的代表大会、人民代表大会、政协会

议、群团组织代表会议、民主党派代表会议等会议代表（委员）及相关职务等材料。

10. 其他可供组织参考的材料

主要有毕业生就业报到证、派遣证，工作调动介绍信，国（境）外永久居留资格、长期居留许可等证件有关内容的复印件和体检表等材料。

四、人事档案的归档要求和保管要求

1. 归档要求

人事档案材料，必须统一使用标准 16 开规格的办公用纸，不得使用圆珠笔、铅笔或红色及纯蓝色墨水和复写纸书写。

归档的人事档案必须是原件，必须是办理完毕的正式文件材料。归档过程中，各部门不得以任何理由积压截留档案材料。

归档材料应真实、完整、齐全，文字清楚，对象明确，手续完备，需经组织审查盖章或本人签字的，盖章签字后方能归入本人档案。凡归档材料不符合要求，必须返回经办部门补齐或补办手续，达到要求后，方可归档。

2. 保管要求

人事档案管理部门在收到人事档案材料后，应在三日内归入档案库房。零散材料袋内的人事档案材料应在半个月之内归入档案盒。每年对人事档案材料集中归档一次。

人事档案的保管期限一般是永久。

第三节　会计档案管理

会计档案是指单位在进行会计核算等过程中接收或形成的、记录和反映单位经济业务事项的、具有保存价值的文字、图表等各种形式的会计资料，包括通过计算机等电子设备形成、传输和存储的电子会计档案。

一、会计档案的作用

会计档案记录着社会组织的经济活动情况，是档案的重要组成部分。会计档案的重要作用体现在以下几个方面：第一，会计档案为决策提供有用信息，可以提高

决策的科学性和可行性，防范经济风险；第二，会计档案能够为保护财产提供有力的保障，在打击经济犯罪方面发挥不可替代的作用；第三，会计档案如实记录单位的经济状况，是研究社会经济及其发展规律的可靠史料。

二、会计档案的类型

在档案的大家族中，会计档案的类型是最为明确的，主要有会计凭证、会计账簿和财务会计报告三种类型。除此之外，会计档案还包括银行存款余额调节表等。需要特别注意的是，与会计工作有关的预算、计划、制度、合同等文件材料不属于会计档案，而应按照普通文书材料进行归档管理。

1. 会计凭证

会计凭证是指记录经济业务的发生、明确经济责任、按一定格式编制的据以登记会计账簿的书面证明。会计凭证的类型见表 12-2。

表 12-2 会计凭证的类型

序号	类型	内涵	常用凭证
1	原始凭证	记录已经发生、执行或完成的经济业务，用以明确经济责任，作为记账依据的最初的书面证明文件。原始凭证是在经济业务发生的过程中直接产生的，是经济业务发生的最初证明，在法律上具有证明效力，所以又称证明凭证	出差乘坐车船的票证、采购原材料的发货票、到仓库领取原材料的领料单
2	记账凭证	会计人员根据审核无误的原始凭证或汇总原始凭证，用来确定经济业务应借、应贷的会计科目和金额而填制的，作为登记账簿直接依据的会计凭证	收款凭证、付款凭证、转账凭证

2. 会计账簿

会计账簿简称账簿，是由具有一定格式、相互联系的账页所组成，用来分时、分类地全面记录一个机构经济业务事项的会计簿籍。设置和登记会计账簿，是联结会计凭证和会计报表的中间环节。会计账簿的类型见表 12-3。

表 12-3 会计账簿的类型

分类标准	类型	内涵
按用途分类	日记账簿	是指按照经济业务发生或完成时间的先后顺序逐日逐笔进行登记的账簿。按其记录内容的不同，又分为普通日记账和特种日记账两种
	分类账簿	是指对全部经济业务事项按照会计要素的具体类别而设置的分类账户进行登记的账簿。分类账簿按其提供核算指标的详细程度不同，又分为总分类账和明细分类账

续表

分类标准	类型	内涵
按用途分类	辅助性账簿	又称备查账簿，是指对某些在日记账和分类账等主要账簿中都不予登记或登记不够详细的经济业务事项进行补充登记时使用的账簿。它可以为某些经济业务的内容提供必要的参考资料
按账页格式分类	两栏式账簿	是指只设有借方和贷方两个基本栏目的账簿。各种收入、费用类账户都可以采用两栏式账簿
	三栏式账簿	是指设有借方、贷方和余额三个基本栏目的账簿
	多栏式账簿	是指在账簿的两个基本栏目（借方和贷方）按需要分设若干专栏的账簿
	数量金额式账簿	是指在借方、贷方和金额三个栏目内都分设数量、单价和金额三小栏的账簿，借以反映财产物资的实物数量和价值量
	横线登记式账簿	是指在同一张账页的同一行，记录某一项经济业务从发生到结束的相关内容的账簿
按外形特征分类	订本式账簿	简称订本账，是指在启用前将编有顺序页码的一定数量账页装订成册的账簿。这种账簿一般适用于重要的和具有统一性的总分类账、现金日记账和银行存款日记账
	活页式账簿	简称活页账，是指将一定数量的账页置于活页夹内，可根据记账内容的变化而随时增加或减少部分账页的账簿。活页账一般适用于明细分类账
	卡片式账簿	简称卡片账，是指将一定数量的卡片式账页存放于专设的卡片箱中，账页可以根据需要随时增添的账簿。卡片账一般适用低值易耗品、固定资产等的明细核算。我国一般只对固定资产明细分类账采用卡片账形式

3. 财务会计报告

财务会计报告又称财务报告，是指反映社会组织财务状况和经营成果的书面文件，主要包括月度、季度、半年度、年度财务会计报告及其说明。构成财务报告的有资产负债表、利润表、现金流量表、所有者权益变动表、附表及会计报表附注和财务情况说明书等。

4. 其他会计资料

会计档案除了以上几种主要的类型，还包括银行存款余额调节表、银行对账单、纳税申报表等。会计核算专业资料、会计档案移交清册、会计档案保管清册、会计档案销毁清册等文件资料也应归入会计档案保管。

三、会计档案的管理

会计档案的管理按照财政部和国家档案局颁布的《会计档案管理办法》执行。会计档案的管理工作主要由两个部门承担，即会计部门和档案部门，但二者担负的工作职能有所区别。

1. 会计部门的会计档案管理工作

（1）按照归档范围和要求，负责整理立卷、装订成册以及编制会计档案保管清册。

（2）当年形成的会计档案，在会计年度终了后，可暂由单位会计机构临时保管，临时保管期限不超过三年；期满之后，应由会计机构编制移交清册，移交本单位档案机构统一保管。

（3）未设立档案机构的单位，应在会计机构内部指定专人保管。出纳人员不得兼管会计档案。

（4）建设单位在项目建设期间形成的会计档案，应在办理竣工决算后移交给建设项目的接收单位，并按规定办理交接手续。

资料窗

会计年度

会计年度是以年度为单位进行会计核算的时间区间，是反映单位财务状况、核算经营成果的时间界限。《中华人民共和国会计法》规定，会计年度自公历 1 月 1 日起至 12 月 31 日止。

2. 档案部门的会计档案管理工作

（1）监督指导会计部门开展会计档案的整理立卷、装订等工作。

（2）接收由会计部门所移交的本单位会计档案。接收时原则上应保持原卷册的封装；个别需要拆封重新整理的，档案部门应会同会计部门和经办人员共同拆封整理。

（3）安全保管会计档案。

（4）对会计档案提供借阅、复制服务。

（5）对会计档案进行价值鉴定和销毁等工作。

四、会计档案的保管期限

会计档案的保管期限，从会计年度终了后的第一天开始计算，分为永久、定期两大类。永久档案需长期保管，不可销毁；定期档案的保管期限一般分为十年、三十年。企业和其他组织的各类会计档案的保管期限见表 12-4，财政总预算、行政单位、事业单位和税收会计档案的保管期限见表 12-5。

表 12-4　　企业和其他组织会计档案保管期限表

序号	档案名称	保管期限	备注
一	会计凭证		
1	原始凭证	三十年	
2	记账凭证	三十年	
二	会计账簿		
3	总分类账	三十年	
4	明细分类账	三十年	
5	日记账	三十年	
6	固定资产卡片		固定资产报废清理后保管五年
7	其他辅助性账簿	三十年	
三	财务会计报告		包括各级主管部门汇总财务报告
8	月度、季度、半年度财务报告	十年	
9	年度财务会计报告	永久	
四	其他会计资料		
10	银行存款余额调节表	十年	
11	银行对账单	十年	
12	纳税申报表	十年	
13	会计档案移交清册	三十年	
14	会计档案保管清册	永久	
15	会计档案销毁清册	永久	
16	会计档案鉴定意见书	永久	

表 12-5　　财政总预算、行政单位、事业单位和税收会计档案保管期限表

序号	档案名称	保管期限			备注
		财政总预算	行政单位、事业单位	税收会计	
一	会计凭证				
1	国家金库编送的各种报表及缴库退库凭证	十年		十年	
2	各收入机关编送的报表	十年			
3	行政单位、事业单位的各种会计凭证		三十年		包括原始凭证、记账凭证和传票汇总表

续表

序号	档案名称	保管期限			备注
		财政总预算	行政单位、事业单位	税收会计	
4	财政总预算拨款凭证和其他会计凭证	三十年			包括拨款凭证和其他会计凭证
二	会计账簿				
5	日记账		三十年	三十年	
6	总分类账	三十年	三十年	三十年	
7	税收日记账（总分类账）			三十年	
8	明细分类、分户账或登记簿	三十年	三十年	三十年	
9	行政单位、事业单位固定资产卡片				固定资产报废清理后保管五年
三	财务会计报告				
10	政府综合财务报告	永久			下级财政、本级部门和单位报送的保管两年
11	部门财务报告		永久		所属单位报送的保管两年
12	财政总决算	永久			下级财政、本级部门和单位报送的保管两年
13	部门决算		永久		所属单位报送的保管两年
14	税收年报（决算）			永久	
15	国家金库年报（决算）	十年			
16	基本建设拨、贷款年报（决算）	十年			
17	行政单位、事业单位会计月、季度报表		十年		所属单位报送的保管两年
18	税收会计报表			十年	所属税务机关报送的保管两年
四	其他会计资料				
19	银行存款余额调节表	十年	十年		
20	银行对账单	十年	十年	十年	
21	会计档案移交清册	三十年	三十年	三十年	
22	会计档案保管清册	永久	永久	永久	
23	会计档案销毁清册	永久	永久	永久	
24	会计档案鉴定意见书	永久	永久	永久	

第四节　音像档案管理

音像档案又称声像档案、视听档案，是指党政机关、社会团体、企业、事业单位和其他组织或者个人在社会活动中形成的对国家和社会有保存价值的以音频、视频等方式记录信息的特殊载体，并辅以文字说明的历史记录。

一、音像档案的类型

音像档案运用的载体主要包括照片、影片、唱片、录音带、录像带、磁带、光盘等。音像档案如图 12–1 所示。

图 12–1　音像档案

音像档案根据存放形式的不同一般分为照片档案、录音档案、录像档案三大类。

照片档案是以照片为载体并辅以文字说明的具有保存价值的照片资料。照片档案主要由底片、照片以及文字说明三个部分构成。

录音档案是以录音带、磁带、唱片、光盘为载体并辅以文字说明的具有保存价值的声音材料。

录像档案是以录像带、影片、光盘为载体并辅以文字说明的具有保存价值的音像材料。

二、音像材料的收集

收集音像材料是归档的前提。对属于收集与归档范围的音像材料，应按照规定定期向本单位档案机构或档案工作人员归档，集中管理，任何单位或个人不得据为己有。

1. 收集的基本原则

为了将具有保存价值的音像材料收集完整，档案工作人员应认真贯彻“以我为主，突出主题，质量精良，内容齐全”的工作原则。

“以我为主，突出主题”就是以本单位的职能活动为中心，围绕本单位的主要工作来收集音像材料；“质量精良，内容齐全”就是所收集的音像材料应画面清晰、影像完整，相关的底片、照片、说明、解说词、脚本等配套资料应齐全。

2. 收集的主要方法

音像材料往往分散在各个职能部门，档案工作人员应通过各种方法保证收集的资料完整：第一种是定向收集，即向某项活动的主办方、承办方或负责人进行征集；第二种是集中收集，即根据工作计划安排在特定时间段内重点开展收集；第三种是档案工作人员在参与相关活动时主动拍摄现场情况并集中保存相关资料；第四种是分散收集，即档案工作人员在日常工作中要留意活动信息，及时发现线索并跟踪收集相关音像材料。

3. 收集过程中的鉴定与筛选

在收集过程中应对音像材料的真伪、剪裁和质量等方面进行严格把关，将存在问题的材料排除在外，以免给后续工作带来不必要的麻烦。对存有真伪疑义的照片应采取必要措施进行鉴定。对反映同一内容的若干张照片，应选择其主要照片归档。主要照片应具备主题鲜明、影像清晰、画面完整、未加修饰剪裁等特点。

三、音像材料的归档范围

在日常工作中，往往会产生数量庞大的音像材料，并不是所有的音像材料都需要归档。一般来说，音像材料的归档范围与纸质文件是相同的，凡是本单位在公务活动中产生的具有凭证和参考价值的照片、录音带、录像带和光盘等材料，都应作为音像档案归档保存，见表 12-6。

表 12-6　　音像材料的归档范围

序号	类型	具体资料
1	反映本单位基本概况的音像材料	本单位的宣传片，单位基础设施照片，领导照片，本单位重大事件、重大事故、重大自然灾害及其他异常情况和现象的音像材料
2	反映本单位主要职能活动和重要工作成果的音像材料	重要工程建设、重大技术改造和技术引进中形成的音像材料，上级授予的奖状、奖旗、奖牌、奖杯的照片，新产品的照片、宣传片等
3	领导和著名人物参加与本单位有关的重大公务活动的音像材料	上级领导视察的录像、录音和照片，社会名人到访的音像材料
4	本单位组织或者参加重要外事活动的音像材料	主办或承办的研讨会、交流会等活动的照片、录像和录音，派员外出参加各类会议的照片和录像等，外宾或友好单位来参观的照片和录像等
5	其他具有保存价值的音像材料	本单位制作的广告片、各类效果图等

四、音像档案的归档要求

1. 保证归档音像档案的质量

归档的音像材料必须是原件、原版（当原版损毁或丢失时可以采用翻版底片），底片与照片影像应一致；归档的音像材料应加以相应的文字说明；归档的音像材料必须图像清晰、声音清楚，底片不得磨损。

2. 适当使用光盘作为存储介质

归档的数码照片必须按照规定格式和规格制作成光盘保存；对于需要永久、长期保存的以录音带、录像带和磁带等磁性材料为载体的音像材料，立档单位应将其制成光盘；光盘与录音带、录像带和磁带等同时归档，分别整理、编目、保管，并注明互相参见号。

3. 分类整理并明确保管期限

音像档案应按照其保管期限和载体的不同，分别进行整理、编号。音像档案的保管期限分为永久和定期。保管期限的划分按照相关规定执行。

4. 注意保密

音像档案涉及保密内容的应按照《中华人民共和国保守国家秘密法》和《中华人民共和国保守国家秘密法实施办法》等有关法律法规执行。

五、音像档案的保管要求

1. 保管场所要求

音像档案的保管场所，应符合防火、防水、防潮、防日光及紫外线照射、防污染、防有害生物、防盗、防振和防磁等要求。

2. 存放要求

照片与底片应分开存放。录音带、录像带、磁带、光盘应放入盒中保管；照片、底片册、录音带、录像带、磁带和光盘等应垂直放置，不得堆积平放，以防相互粘连。磁性载体的音像档案应存储在具有磁屏蔽功能的库房、防磁柜（见图 12–2）或者装具内。定期检查音像档案的保管情况，若发现问题，应查明原因，及时采取补救措施。录音带、录像带应每两年重新缠绕一次，缠绕时应用正常播放速度。

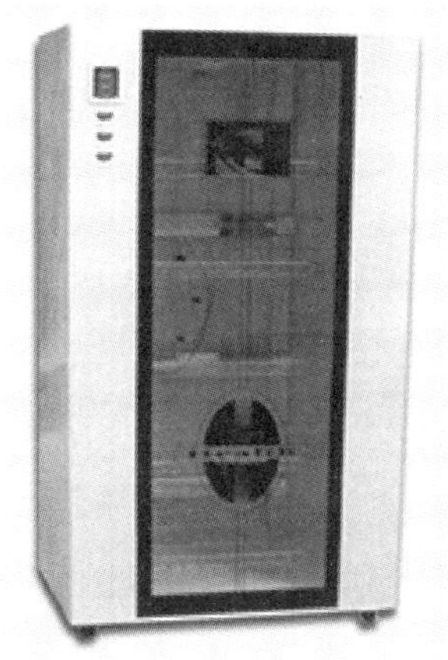

图 12–2 防磁柜

3. 温度与湿度要求

音像档案应恒温、恒湿保存，在二十四小时内温度变化不得超过 ±3℃，相对湿度变化不得超过 ±5%。照片、底片存储温度应控制在 2～21℃，相对湿度应控制在 20%～50%；录音带、录像带、磁带、光盘的存储温度应控制在 15～27℃，相对湿度应控制在 40%～60%。如过于潮湿，可以使用除湿设备。

六、音像档案的数字化

数字技术出现之前，音像档案多由模拟信号形成并依赖专门的读取设备。随着时间的变化，受自然衰变和保管条件等诸多因素的影响，音像档案会慢慢地老化、损坏。同时，由于技术发展等原因，许多类型音像档案的读取设备正在或者已经消失，如果不及时采取措施抢救这些珍贵的档案信息资源，将造成无法弥补的损失。因此，利用传统读取技术和计算机等数字技术相结合的方式，将音像档案进行数字化处理，形成数字档案资源，达到抢救及保护珍贵档案资源并提供方便、有效利用的目的，已成为必然趋势。音像档案数字化工作依照《录音录像档案数字化规范》（DA/T 62—2017）执行。

第五节　电子档案管理

随着办公信息化程度的提高，日常工作中产生的电子文件和电子档案的数量日益庞大。与传统纸质档案相比，电子档案不仅产生的渠道更加多样、类型更加丰富，而且呈现出了新的特性，这些都对其管理工作提出了新要求。档案管理者应对电子文件和电子档案的特性有深入的了解，增强适应档案发展趋势的能力。

一、电子文件、电子档案及元数据

文件是档案的前身和基础，档案是由使用完毕并具有保存价值的文件转化而来的。这种联系也体现在电子文件和电子档案两者的关系之中，因此为了正确理解电子档案的概念，应首先对电子文件有所了解。

电子文件在计算机科学领域中一般是指以计算机存储设备为载体存储的信息集合，如电子图书、电子杂志、电子消息、电子资料，甚至病毒、乱码等也可被视为电子文件。这些电子文件显然不能作为档案学意义上的文件来对待。

在档案学领域中，对电子文件的理解主要依据的是我国档案行业的两个标准，即《档案工作基本术语》（DA/T 1—12000）和《电子文件归档与电子档案管理规范》（GB/T 18894—2016）。第一个标准将电子文件定义为："以代码形式记录于磁带、磁盘、光盘等载体，依赖计算机系统存取并可在通信网络上传输的文件。"第二个标准将电子文件定义为："国家机构、社会组织或个人在履行其法定职责或处理事务过程中，通过计算机等电子设备形成、办理和存储的数字格式的各种信息记录。电子文件由内容、结构、背景组成。"这两种定义虽然具体的文字表述有所差异，但对电子文件本质的认识是一致的。电子档案就是"具有凭证、查考和保存价值并归档保存的电子文件"。换言之，电子档案就是"归档电子文件"。

电子文件和电子档案都是由元数据构成的，元数据是描述电子文件和电子档案的内容、背景、结构及其管理过程的数据。从档案管理上看，元数据既可用于保障相关电子文件的真实性、完整性、一致性、关联性和长期有效性，又可帮助对分布式网络环境下的电子文件进行有效的集成管理和协助提供集成服务，更是构建数字档案馆信息组织体系必不可少的工具。电子文件元数据是个覆盖面很大的概念，其描述的对象主要是电子文件的全貌和它的管理过程，这意味着电子文件整个生命周期中都将伴随着元数据的产生。

二、电子档案的来源和归档范围

1. 电子档案的来源

电子档案的前身是电子文件，因此电子档案与电子文件的来源是一致的。只有了解了电子档案的产生来源，才能在收集电子档案时确定适当的收集渠道。

（1）办公自动化系统

办公自动化系统是对办公信息进行自动操作（如文字处理、文档管理）的数字处理系统，能够完成工作流程处理、事项审批、会议管理、信息传达等任务，因此，在这一过程中，会产生大量的电子文件和电子档案。收集电子档案时应将办公自动化系统作为主要渠道之一。

（2）计算机辅助设计和辅助制造

计算机辅助设计和辅助制造是指计算机辅助技术在工程或产品设计与制造领域中的应用，能够从根本上改变传统的手工绘图、发图、凭图样组织整个生产过程的技术管理方式，极大地缩短开发周期，使生产效率得到大幅提高。计算机辅助设计和辅助制造工作中会产生以数据和图形文件为主的电子档案。档案工作人员在档案收集工作中，应根据本单位计算机辅助设计和辅助制造的应用情况，充分考虑设计部门和生产部门中的电子档案归档需求。

（3）模拟信息向数字信息的转换

为了便于使用计算机处理信息，工作中往往需要将模拟信息转换成数字信息，所使用的设备主要有扫描仪和数码相机（数码摄像机）。

扫描仪能够将模拟的图像信息转换成计算机处理的数字信息，将已存在的文字、图片、图形等输入到计算机中，进而实现对这些信息的处理、存储、管理、输出和使用等。数码相机（数码摄像机）将影像的模拟信号转换成数字信号存储在磁介质上，可以便捷地把数据传输给计算机。这两种模数转换设备都已得到较为广泛的应用，并产生大量的数字信息，它们所形成的电子文件可以作为重要的电子档案收集对象。

（4）电子商务

电子商务是通过计算机和互联网来完成商品或产品的交易、结算等一系列活动的商业行为，具有无纸支付、运营成本低、价格竞争力强、用户范围广、无时空限制以及能同用户直接互动交流等性质。在电子商务领域中，为了进行交易而产生大量的电子文件，如电子订单、支付凭证、反馈信息等，这些电子文件也是电子档案的重要组成部分。

（5）电子邮件

电子邮件是利用互联网进行信息编制、存储和传递的一种现代化通信方式。各种信息，如公务文件、私人信函和各种计算机文档等，均可以使用电子邮件快捷而方便地传递给接收者。在电子档案的收集中，应对有存档价值的电子邮件及其附件进行收集整理。

2. 电子档案的归档范围

反映单位职能活动、具有查考和保存价值的各类电子文件及其元数据应收集归档。文书类电子文件、网页、社交媒体类电子文件可按照或参照《机关文件材料归档范围和档案保管期限规定》和《企业文件材料归档范围和档案保管期限规定》执行；照片、录音、录像等音像类电子文件，科技类电子文件，邮件类电子文件按照相关国家和行业标准执行。各种专业类电子文件归档范围按照国家相关规定执行。

文书类、科技类、邮件类、网页和社交媒体类、各种专业类电子文件的元数据归档范围参考《文书类电子文件元数据方案》（DA/T 46—2009）执行，至少应包括：题名、文件编号、责任者、日期、机构（问题）、保管期限、密级、格式信息、计算机文件名、计算机文件大小、文档创建程序等文件实体元数据；记录有关电子文件拟制、办理活动的业务行为、行为时间和机构人员名称等元数据，应记录的拟制、办理活动包括：发文的起草、审核、签发、复核、登记、用印、核发等，收文的签收、登记、初审、承办、传阅、催办、答复等。音像类电子文件应归档元数据的类型包括题名、摄影者、录音者、摄像者、人物、地点、业务活动描述、密级和计算机文件名等。

电子文件的形成或办理部门应定期将已收集、积累并经过整理的电子文件及其元数据向档案部门提交归档，时间最迟不能超过电子文件形成后的第二年六月。电子文件归档登记表见表 12-7。

表 12-7　　电子文件归档登记表

单位名称			
归档时间		归档电子门类	
归档电子文件数量			
归档方式	□在线归档　□离线归档		

续表

检验项目	检验结果
载体外观检验	
病毒检验	
真实性检验	
可靠性检验	
完整性检验	
可用性检验	
技术方法与相关软件说明登记表、软件、说明资料检验	
电子文件形成或办理部门（签章） 年　月　日	档案部门（签章） 年　月　日

注：归档电子文件门类包括文书、科技、专业、音像、电子邮件、网页、社交媒体、其他。

三、电子档案的特性及管理要求

与传统的以纸张为主要载体的档案相比，电子档案具有一系列的特性，从而对其管理工作提出了新的要求。

1. 信息的非人工识读性与对软硬件系统的依赖性

电子文件和电子档案用于记录信息的数字代码必须借助于计算机等设备进行转换和处理，因此电子档案对计算机软件和硬件系统有高度的依赖性，文件的制作、处理，以至归档后的全部管理活动都必须借助于计算机系统才能实现。计算机软件系统与硬件系统之间的兼容性对电子档案也形成制约，在某一系统下产生的电子档案如果转移到不兼容的另一系统下时，就会无法识别和管理。这些特性要求档案工作人员在对电子档案的管理过程中，必须采用符合通用标准的计算机软件系统和硬件系统。

2. 信息与载体的可分离性与信息的易变性

电子档案中的信息与其载体之间不再是稳固的物理对应关系，信息可以根据需要随时扩展、缩小、改变或迁移其存储空间。可以说，信息摆脱了载体的“束缚”而极易被修改和删除。这种特性要求管理者在管理电子档案的过程中，必须充分重视信息安全，防止未经授权的修改行为。

3. 信息存储的高密度性

电子档案存储的主要介质是硬盘与光盘。这两种存储设备的信息存储密度大大高于以往各种人工可识读的信息介质。目前普通硬盘的容量已经能够达到太字节（TB）级，光盘的容量也可达到吉字节（GB）级。高密度的存储器如果一旦损坏或丢失，将造成巨大的信息损失，因此在电子档案管理工作中，必须严格遵守备份制度，防止因设备故障或丢失而带来损失。

4. 多种媒体信息的集成性

纸质档案文件主要承载文字或图形信息，而电子档案则能够集成文字、图形、图像、影像、声音等各种信息形式，形成“多媒体文件”，实现更加全面的信息记录和再现。

四、电子档案的类型及收集要求

根据不同的分类标准，电子档案可以划分为各种不同的类型。例如，根据文件的属性，可以分为普通文件、只读文件、隐含文件、加密文件和压缩文件等。目前比较通用的一种标准是按照电子档案信息存在的形式进行分类，可分为文本文件、数据文件、图形文件、图像文件、视频文件、音频文件和命令文件等。各类电子档案文件的详细介绍见表 12–8。

表 12–8　　电子档案文件的详细介绍

序号	类型	说明	常用格式
1	文本文件	使用文字处理类软件生成的电子文件，由文字、数字或其他符号组成。公务文件一般都属于这种类型	.txt .doc .wps .xls .xml .rtf
2	数据文件	又称数据库文件，是使用数据库软件处理生成的文件。一个数据库由若干记录组成，一个记录由若干字段（数据项）组成。机关、企业、事业单位和个人的各类信息都可以建成数据库文件	.et .dat .xml .dbf .xls
3	图形文件	又称矢量图，是计算机根据一定算法而绘制的表示数据内在联系的各种画面，如图表、曲线图等。在计算机辅助设计与辅助制造过程中形成的电子文件大多属于图形文件	.cdr .emf .svg .swf .wmf
4	图像文件	由一系列排列有序的像素组成。一般可以使用数字设备采集或制作，如用扫描仪扫描的各种原件画面，用数码相机拍摄的照片等。图像文件的分辨率与存储空间成正比	.jpg .tif .bmp .gif

续表

序号	类型	说明	常用格式
5	视频文件	使用视频捕获设备录入的数字影像或使用动画软件生成的二维、三维动画等各种动态画面，如数字影视片、动画片等。视频文件有不同的格式或标准，播放时需要使用相关的设备和程序	.mpg .avi .rm .mov .mxf .wmv .flv .mp4
6	音频文件	计算机对声音进行识别并编码而形成的文件	.mav .mp3 .cda .wav .mid .wma
7	命令文件	又称计算机程序，是为了得到某种结果而采用计算机语言编写的可执行指令序列构成的文件	.exe

应齐全、完整地收集电子文件及其组件，电子文件内容信息与其形成时保持一致。

■ 同一业务活动形成的电子文件应齐全、完整。

■ 电子公文的正本、正文与附件、定稿或修改稿、公文处理单等应齐全、完整，电子公文格式要素符合《党政机关公文格式》规定。

■ 在计算机辅助设计和制造过程中形成的产品模型图、装配图、工程图、物料清单、工艺卡片、设计与工艺变更通知等电子文件及其组件应齐全、完整。

■ 音像类电子文件应能客观、完整地反映业务活动的主要内容、人物和场景。

■ 邮件、网页、社交媒体类电子文件的文字信息、图像、动画、音视频文件等应齐全、完整，网页格式应保持不变。需收集、归档完整的网站系统时，应同时收集网站设计文件、维护手册等。

■ 以专有格式存储的电子文件不能转换为通用格式时，应同时收集专用软件、技术资料和操作手册等。

五、电子档案的管理和处置

1. 日常管理

电子档案及其元数据需配备与电子档案管理系统相适应的在线存储设备进行安全存储并定期扫描诊断存储设备，发现问题及时处置。在确保电子档案真实、完整、可用和安全的基础上，采用一次性写入光盘、硬盘等离线存储介质对电子档案及其元数据、电子档案管理系统及其配置数据、日志数据进行备份，离线存储介质至少应制作一套并进行规范化管理。离线存储介质应按规则编号，按规范结构存储备份对象和相应的说明文件，标识离线存储介质，但禁止在光盘表面粘贴标签。

离线存储介质日常保管除要参照纸质档案保管要求外，还要符合特定的要求。

（1）应进行防写处理，避免擦、划、触摸记录涂层。

（2）应装盒，竖立存放或平放，且避免挤压。

（3）应远离强磁场、强热源，并与有害气体隔离。

（4）环境温度选定范围：光盘 17～20℃，磁性载体 15～27℃；相对湿度选定范围：光盘 20%～50%，磁性载体 40%～60%。具体按《磁性载体档案管理与保护规范》和《电子文件归档光盘技术要求和应用规范》要求执行。

电子档案或电子档案离线存储介质自形成起一年内送同级国家综合档案馆电子档案中心进行备份。

2. 有效性管理

归档电子文件的形成单位和档案保管部门每年均应对电子文件的读取、处理设备的更新情况进行一次检查登记。设备更新应确认库存载体与新设备的兼容性；如不兼容，应进行归档电子文件的载体转换工作，原载体保留时间不少于三年。保留期满后对可擦写载体清除后重复使用，不可清除内容的载体应按保密要求进行处置。对磁性载体每满两年、光盘每满三年进行一次抽样机读检验，磁性载体抽样率不低于 10%，要立即对发生永久性误差的磁性存储介质进行复制和更新；光盘的检测结果超过三级预警线时应立即实施更新。

离线存储介质所采用的技术即将淘汰时，应立即将其中存储的电子档案及其元数据等转换到新型且性能可靠的离线存储介质中，确认离线存储介质复制、更新、转换等管理活动成功时，再按照规定对原离线存储介质进行破坏性销毁。电子档案离线存储介质管理登记表见表 12-9。

表 12-9　　电子档案离线存储介质管理登记表

单位名称	
管理授权	
责任部门	
管理类型	□复制　□更新　□转换
源介质描述 （类型、品牌、参数、数量等）	
目标介质描述 （类型、品牌、参数、数量等）	

续表

完成情况（操作前后电子档案及其元数据内容、数量等一致性情况）		
管理起止时间		
操作者		
填表人（签名） 年 月 日	审核人（签名） 年 月 日	单位（签章） 年 月 日

3. 转换和迁移处置

随着系统设备更新或系统扩充，出现以下情况时应及时对电子档案及其元数据进行转换或迁移操作。电子档案当前格式将被淘汰或失去技术支持或因技术更新、介质检测不合格等原因需更换离线存储介质时，应实施转换；支持电子档案管理系统运行的操作系统、数据库管理系统、台式计算机、服务器、磁盘阵列等主要系统软件、系统硬件等升级更新时或电子档案管理系统更新时，应实施迁移。

电子档案转换和迁移活动应记录于电子档案管理过程元数据中，并填写电子档案格式转换和迁移登记表（见表 12–10）。

表 12–10　　电子档案格式转换和迁移登记表

单位名称		
管理授权		
责任部门		
管理类型	□格式转换　□迁移	
源格式或系统描述		
目标格式或系统描述		
完成情况（操作前后电子档案及其元数据内容、数量一致性情况等）		
操作起止时间		
操作者		
填表人（签名） 年 月 日	审核人（签名） 年 月 日	单位（签章） 年 月 日

4. 移交和销毁处置

保管期限为永久的电子档案及元数据自形成之日起五年内应向同级国家综合档案馆移交。移交的主要流程包括组织和迁移转换电子档案数据、检验电子档案数据、移交电子档案数据等步骤，可采用在线或离线方式移交。

电子档案的销毁要按照国家规定执行，应从在线存储设备、异地容灾备份系统中彻底删除应销毁电子档案，电子档案管理系统在管理过程元数据、日志中自动记录鉴定销毁活动，将被销毁电子档案元数据移入销毁数据库并对离线存储介质实施破坏性销毁，然后填写电子档案销毁登记表（见表 12-11）。

表 12-11　　电子档案销毁登记表

<table>
<tr><td>单位名称</td><td colspan="2"></td></tr>
<tr><td>销毁授权</td><td colspan="2"></td></tr>
<tr><td>被销毁电子档案情况</td><td colspan="2"></td></tr>
<tr><td>在线存储内容销毁说明</td><td colspan="2"></td></tr>
<tr><td>异地容灾备份内容销毁说明</td><td colspan="2"></td></tr>
<tr><td>离线存储介质销毁说明</td><td colspan="2"></td></tr>
<tr><td>销毁起止时间</td><td colspan="2"></td></tr>
<tr><td>操作者</td><td colspan="2"></td></tr>
<tr><td>填表人（签名）

年　月　日</td><td>审核人（签名）

年　月　日</td><td>单位（签章）

年　月　日</td></tr>
</table>

思考与练习

一、名词解释

1. 科技档案
2. 人事档案
3. 会计档案
4. 电子档案